Volker Reineke ● Segelpraxis für Mitsegler und Einsteiger

W0059026

Volker Reineke

Segelpraxis

für Mitsegler und Einsteiger

Einbandgestaltung: Katja Draenert

Titelbild: Foto-Design Klaus Schreiber, Wilhelmshaven

Bildnachweis:
Nicolai Krauss, Hamburg: S. 10, 15, 16, 17, 18, 19, 20, 22, 24, 25, 29, 35, 43, 44, 45, 48, 50, 53, 59, 65, 66, 68, 69, 70, 74, 78, 80, 81, 83, 85, 89, 102, 103, 106, 108, 122, 127, 129, 132, 133, 134, 137, 140, 143, 144, 150, 152
Volker Reineke: S. 12, 14, 23, 26, 28, 30, 32, 33, 38, 46, 62, 76, 92, 115, 117, 119, 121, 147, 148

Eine Haftung des Autors oder des Verlages und seiner Beauftragten für Personen-, Sach- und Vermögensschäden ist ausgeschlossen.

ISBN 3-613-50331-X

Copyright © by Pietsch Verlag, Postfach 103743, 70032 Stuttgart
Ein Unternehmen der Paul Pietsch Verlage GmbH + Co
1. Auflage 2000

Nachdruck, auch einzelner Teile, ist verboten. Das Urheberrecht und sämtliche weiteren Rechte sind dem Verlag vorbehalten. Übersetzung, Speicherung, Vervielfältigung und Verbreitung einschließlich Übernahme auf elektronische Datenträger wie CD-ROM, Bildplatte usw. sowie Einspeicherung in elektronische Medien wie Bildschirmtext, Internet usw. sind ohne vorherige schriftliche Genehmigung des Verlages unzulässig und strafbar.

Lektor: Oliver Schwarz
Innengestaltung: Marit Wolff
Druck und Bindung: Fotolito Longo AG, I–39100 Bozen
Printed in Italy

Teil IV: Auf Blauwasserfahrt

Vorwort

Unter den Tausenden von Skippern, die ich durch meine Segelveranstaltungen wie die ARC und andere Rallies kennengelernt habe, ist Volker Reineke einer der Segler, die ganz der Sicherheit ihrer Crew verpflichtet sind. Seine Boote wurden immer sorgfältigst auf die bevorstehende Etappe vorbereitet und die Crew mit sämtlichen Aspekten der Sicherheit und Seemannschaft vertraut gemacht. Es gibt nur wenig andere Sportarten, bei denen Spaß und Sicherheit so ineinander verwoben sind wie beim Segeln, und diese beiden Grundelemente, Spaß und Sicherheit, waren immer die Grundpfeiler, auf denen die vielen Rallies, die ich organisiert habe, basierten. Daher bin ich hocherfreut, daß Volker Reineke nicht nur meine Philosophie teilt, sondern sie auch zum Leitmotiv dieses ausgezeichneten Buches gemacht hat.

In den vergangenen Jahren habe ich Volker bei vielen Anlässen getroffen; das letzte Mal hatte ich das Vergnügen, mit ihm in die Antarktis zu segeln. Es waren insgesamt vier Yachten, die sich im Rahmen der Millennium Odyssee Round the World Rally für die längere Route über die Antarktis und um Kap Hoorn entschieden hatten. Ich selbst segelte auf meiner Yacht *Aventura III*, Volker auf der weitaus größeren *Vegewind* und, wie auf den meisten Etappen, mit einer Crew von meist unerfahrenen Seglern. Ich muß zugeben, daß ich erstaunt war, als ich vor unserem Aufbruch in die Antarktis hörte, daß einige aus Volkers Crew noch nie vorher gesegelt waren. Und mit ihnen wollte er durch die Drake Passage gehen, eines der gefährlichsten Gewässer der Welt!

Doch das war eine seglerische Herausforderung, wie Volker sie liebt. Auf seine übliche, sorgfältige Art bereitete er seine Mitsegler mental und praktisch auf diesen harten Törn vor, den *Vegewind* mit fliegenden Fahnen absolvierte! Einen Monat später, nach unserer Rückkehr auf den südamerikanischen Kontinent, feierten die Mannschaften der Millennium Odyssee, die einen Abstecher in die Antarktis gemacht hatten, eine Überraschungsparty in Ushuaia. Die gesamte Crew der *Vegewind* war anwesend, und selten habe ich an Bord eines Schiffs nach einem Törn eine so tolle Atmosphäre erlebt. Selbstverständlich waren alle stolz nach Beendigung der harten Reise. Doch daneben war auch ein allgemeines Wohlbefinden spürbar. Ich hoffe, daß sich dieses auch bei den Lesern dieses Buchs einstellt, wenn sie, mit Volkers Hilfe, vom ersten bis zum letzten Kapitel gesegelt sind.

Jimmy Cornell,
im November 1999

Wind, Wellen, Segelboote: der individuelle Kurs

Segeln ist Freizeitspaß und Breitensport zugleich. Körperbetont und gesund, entspannt Segeln bei fast jedem Wetter in frischer Luft und freier Natur. Streß, Hektik und Ärger haben auf Freizeitbooten nichts zu suchen. Sobald die Segel auf einem Boot gesetzt sind, verwandeln sich Mitfahrer in aktive Segler. Ihr Verhalten an Bord richtet sich von diesem Moment an nach den Erfordernissen der See und den Erfahrungen der Seefahrt. In diesem Buch werden einige Prinzipien dieses Sportes genannt und erläutert. Mitseglern und Einsteigern soll praxisnah und pragmatisch Mut gemacht werden, sich die Freuden und Schönheiten des Segelns auf individuellen, direkten und unfallfreien Wegen zu erschließen.

▶ *Das würden Sie auch gerne mal? Kein Problem – und schon gar nicht nach der Lektüre dieses Buches (La Trinitè sur Mer/ Bretagne).*

Leinen los!

Mehr und mehr Menschen entspannen und erholen sich erfolgreich auf dem Wasser, fern von Hektik und Lärm. Dabei erfordert der Segelsport keine beson-

deren mentalen, körperlichen oder finanziellen Einstiegsvoraussetzungen. Segeln kann jede und jeder leicht durch die Praxis erlernen. Am Anfang stehen Mut und Selbstvertrauen, mit einem Boot tatsächlich loszusegeln. Dazu aktivieren Einstei-

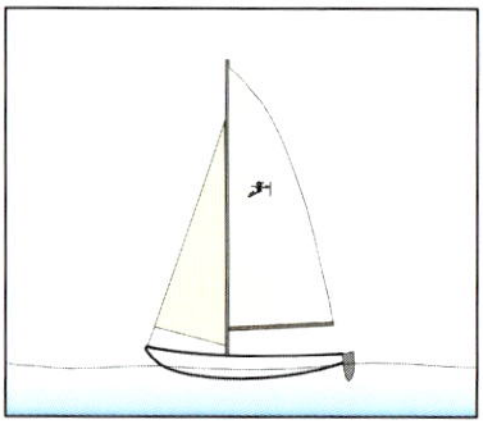

Strandkatamaran

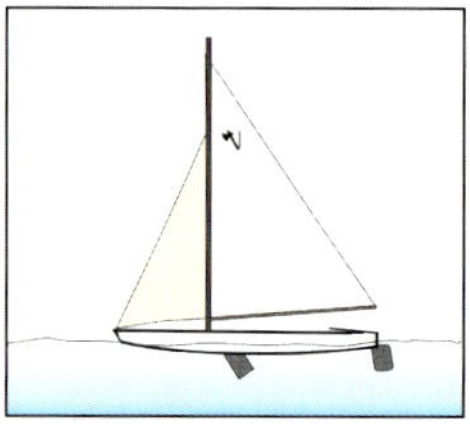

Schwertjolle

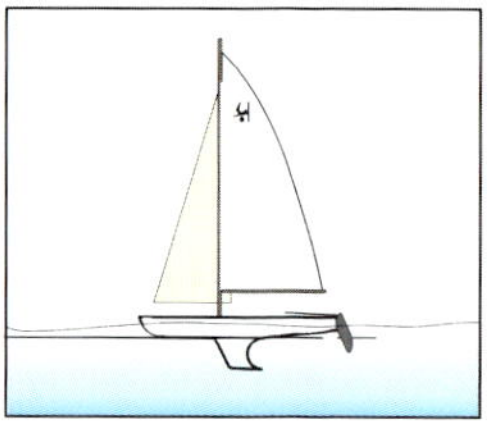

Kieljolle

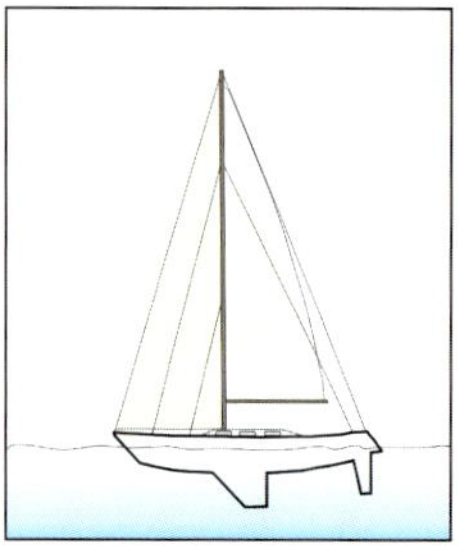

Hochseeyacht

Ketsch

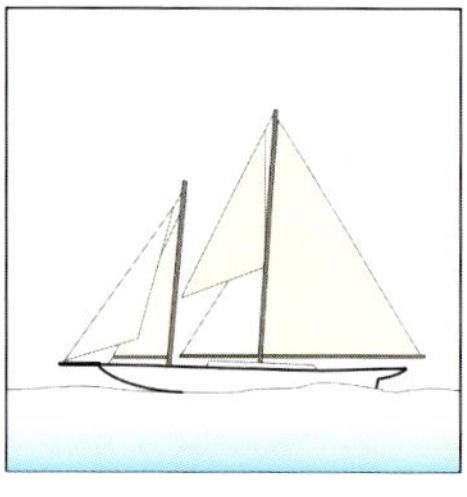

Schoner

Großsegler

ger und ebenso Fortgeschrittene vor allem ihren gesunden Menschenverstand und die in einem jeden ruhenden Sinnesantennen für die Kräfte der Natur.

Die naturnahe und schöne Fortbewegung »Segeln« wird in kleinen Praxisetappen ausprobiert und entdeckt. Freizeitsegeln soll Spaß bringen und der körperlichen und geistigen Fitness dienen.

Dieses Buch ist kein ausführliches und wortreiches Bedienerhandbuch. Davon gibt es schon genug! Es sollen auch keine komplizierten Segeltheorien erläutert werden. Vielmehr soll der Leser dazu begeistert werden, sich in ein Boot zu setzen, das einen Rumpf oder zwei Rümpfe, einen Mast, zwei Segel und ein Ruder hat. Zunächst interessieren dabei nicht so sehr die vielen Fachausdrücke und die Funktion des kompletten Leinensalates. Dem Einsteiger wird hier die Minimal-Ausrüstung erläutert, mit der er die Kräfte des Windes zur zielgerichteten Fortbewegung mit einem Boot entdecken und ausnützen kann. Wind, Wellen und das Boot sind die Lehrmeister. Jede gesegelte Meile vergrößert die Erfahrungen und Fertigkeiten. Freude, Geduld und Ausgeglichenheit gehören zu jedem Seemann und zu jeder Seefrau wie auch ein klares Sicherheitsbewußtsein – und das von Anfang an. In den folgenden Kapiteln werden hierzu einige Tips und Erläuterungen für die ersten Tage und Wochen auf dem Wasser gegeben. Zu den Ausführungen finden sich Graphiken, die das Wesentliche als Merkliste oder als Erfahrungsbericht zusammenfassen. Die verwendeten seemännischen Ausdrücke werden im Anhang erläutert.

Der Anfang ist nicht schwer

Prinzipiell stehen dem Mitsegler verschiedene Einstiege in die Praxis offen:

- als Einsteiger oder Mitsegler in einer offenen Einmann- oder Zweimannjolle auf einem Binnensee
- als Mitsegler auf einem Tages- oder Wochenendtörn auf einem Küstenkreuzer in Küstennähe
- als Mitsegler auf mehrtägigen Törns auf einer Hochseeyacht
- als Einsteiger und Mitsegler auf Mehrrumpfbooten
- anläßlich Segelveranstaltungen für Einsteiger und Mitsegler

Wer das Segeln selbständig und von der Pike auf lernen will, sollte mit einer Zweimann-Jolle anfangen, die über Zeitungsannoncen in Bootsbörsen preiswert erworben werden kann. Mit den Einheitsklassen »Pirat« und »Schwertzugvogel« sind Einsteiger bestens beraten, zumal diese auch sehr gut »einhand«, d.h.: von einer Person, gesegelt werden können. Sie sind sehr robust, und mit einem Gewicht von unter 300 kg sind sie auch von Anfängern bruchfrei zu manövrieren. Gleichzeitig hat man damit ein Boot, das sich auch für mehrtägige Wanderfahrten eignet.

▶ *Wer das Segeln selbständig und von der Pike auf lernen will, sollte mit einer Zwei-Mann-Jolle wie diesem »Schwertzugvogel« anfangen.*

Wetterfeste Kleidung inklusive Bordschuhen und Gummistiefeln für Regenwetter kann man in Segelschulen leihen oder beim Schiffsausrüster preiswert kaufen. Für den Praxisstart finden sich leicht erfahrene Segler, die einige Male mit aufs Boot kommen und effektiv mit wenigen Worten und sicheren Handgriffen vorführen, worauf es beim Segeln ankommt. Wer keine segelnden Freunde oder Verwandte zur Starthilfe und beim Bootskauf auftreiben kann, wendet sich mit der Bitte um Vermittlung und Beratung entweder an den Deutschen Segler-Verband (DSV), an örtliche Segelschulen und Werften oder an das reichhaltige Angebot in den Annoncen der Fachzeitschriften. Außerdem gibt es bei den meisten Segelvereinen Ausbildungsleiter, die für ein Beratungsgespräch aufgesucht werden können. Besonders Jugendliche werden in den vom DSV anerkannten

Vereinen von ausgebildeten, kompetenten Trainern gefördert.

»Schnuppersegeln« kann auf verschiedenen Jollentypen durchgeführt werden, um die Kaufentscheidung für das optimale und individuelle Boot zu erleichtern. In fast allen Ferienorten an der Küste buchen Einsteiger Praxiskurse auf Strandkatamaranen. Anfänger- und Einsteigerkurse auf diesen pfeilschnellen Sportgeräten erfreuen sich in den letzten Jahren an der Küste und im Binnenland großer Beliebtheit. Die wichtigsten Unterschiede des Katamaransegelns im Vergleich zum konventionellen Segeln sind

für den Anfänger bei der Entscheidung für ein bestimmtes »Einstiegsboot« von grundlegender Bedeutung.

Wer lieber auf einer seegehenden Segelyacht einsteigen will, bucht einen Wochenend-Schnupperkurs in einer Hafenstadt. In den Annoncen der Fachzeitschriften finden sich eine Reihe von Angeboten seriöser, bewährter Charterunternehmen oder Reedereien.

Bei diesen Törns führt ein professioneller und lizensierter Skipper die Mitsegler in die Besonderheiten des Küstensegelns, des Reviers, des Bootes und seiner Sicherheitsausrüstung ein. In fast allen Küsten-

▶ *Der Skipper erläutert, wie man die richtige Segelstellung findet.*

standorten können geschlossene Gruppen (Kirchenkreise, Schulen, Internate, Firmen, Sport- und Gesangsvereine etc.) größere Segelboote gegen Unkostenbeteiligung inklusive einer professionellen Crew tage- oder wochenweise mieten.

Es lassen sich auch einzelne Kojen zur Teilnahme an einer der vielen Hochseeregatten buchen. Jedes Jahr beteiligen sich mehrere hundert internationale Yachten und Großsegler an der Cutty Sark Tall Ships Race oder an der Atlantik Rallye für Fahrtenyachten (ARC). Hier ist die Stimmung in den Häfen und während der Reise stets aufgeräumt fröhlich. Man findet viele Gleichgesinnte in gut gemischten Altersgruppen und vor allem freundliche und offene Menschen, die sicher und mit viel Spaß übers Meer wollen. Der Mitsegler stellt sich mental auf die räumliche Enge und körperliche Nähe zu unbekannten Menschen ein. Mit etwas Selbstdisziplin und Toleranz erleben jedes Jahr viele Menschen herrliche Segelferien auf dem Meer.

▶ *Nicht aller Anfang ist schwer: auf dem Jugendsegler Klaus Störtebeker.*

▶ *Auch mit einer Zwei-Mann-Jolle auf einem Binnensee kann die Post abgehen.*

Segeln lernen in Michigan

Als 17-jähriger Austauschschüler lernte ich durch meine amerikanische Gastfamilie das Segeln. Mein Gastvater bemerkte eines Tages mit sehr ernster Miene: »Wenn unsere teure Segeljolle nicht genutzt wird, sollte sie besser verkauft werden!« Daraufhin wurde ich als ältestes Kind in der Tischrunde mit den Worten angesprochen: »Macht Dir das Segeln keinen Spaß?« Bevor ich nur irgend etwas erwidern konnte, kam die Anweisung: »Morgen segelst Du nach der Schule rüber zu Barns, da ist ein französischer Austauschschüler, der möchte mit Dir segeln, alles klar? Tragt ständig Rettungswesten und seid pünktlich zum Essen zurück oder ruft an.« Da saß ich also mit meiner nach deutscher Schulweisheit erworbenen Gewißheit, daß alles Wesentliche kompliziert und theoretisch sein muß. Morgen würde ich mich als Theoretiker outen und mich möglicherweise vor aller Augen der Lächerlichkeit preisgeben.

Doch mein kleiner amerikanischer Gastbruder führte mich innerhalb von ein paar Minuten in die Bedienung der wichtigsten Leinen ein und legte mir die Jolle an der Vorleine in den Wind. Nachdem Groß- und Vorsegel gesetzt waren, wünschte er mir Mast- und Schotbruch und schmiß die Vorleine mit den Worten los: »Zur Not könnt ihr die Wanne auch zurückpaddeln!«

Einfach ausprobieren!

In der schaukelnden Umgebung eines Segelbootes fühlt sich jeder Einsteiger von
der Komplexität und Funktion der vielen
Leinen, der Umlenkblöcke und der vielen
Fachausdrücke leicht verunsichert, über-
fordert oder unwohl. Mitunter plagt den
Anfänger beim praktischen Segeln die
Angst und Unkenntnis vor einer vermeintlich schwierigen technischgepräg-
ten Theorie des Segelns. Durch die Beachtung einiger weniger Rahmenbedin-
gungen lernen viele Einsteiger das Segeln
jedoch zuerst einmal durch eigene
Praxiserfahrungen in der angelsächsi-
schen Tradition des »learning by doing«.
Dabei stehen Spaß und Sicherheit an
erster Stelle. Das Theoretische kommt
später.

Das Unwohlsein kann sich bei einigen
Menschen unter Schräglage des Bootes
und Seegang in eine ganz natürliche
Angst steigern. Wasser ist für alle Lebewe-
sen das Elixier schlechthin. Tiefes Wasser
ist jedoch für den Menschen, dessen
stammesgeschichtlicher Ursprung vermut-
lich auf den Bäumen der Tropen und Sub-
tropen liegt, auch ein lebensfeindliches
und bedrohliches Element, in dem er nicht
lange ohne Hilfsmittel überleben kann.

Da der Mensch auf einem Boot, das sich
fern vom Land im tiefen Wasser befindet,
seinen natürlichen Fluchtimpulsen bei
vermeintlicher Gefahr nicht folgen kann,
fühlen sich manche Einsteiger während
der ersten Tage an Bord unwohl; manche

werden sogar seekrank. Dieses sind
natürliche Reaktionen, die u. a. mit dem
Gleichgewichtsorgan des Innenohres in

▶ *Ein Jollenkreuzer bietet natürlich schon mehr Komfort als ein »Schwertzugvogel«.*

▶ *Kinderspiel: »Floh« segelt zum ersten Mal den großen »Schwert- zugvogel«.*

Zusammenhang stehen. Innerhalb von zwei bis vier Tagen hat sich die Seekrankheit von selbst erledigt. Viele der Urängste auf dem Wasser sind durch überlebenssichernde Vorkehrungen, die mit Verstand, Logik und Erfahrung getroffen werden, in den Griff zu bekommen.

Erfahrung und Ratschläge von Segelautoritäten ernst nehmen

Segler pflegen eine weltumspannende Gemeinschaft von Gleichgesinnten. Das ungeschriebene Gesetz dieser Gemeinschaft verpflichtet alle Segler und Seefahrer zur gegenseitigen Hilfe und zum Erfahrungsaustausch. Wer immer eine Gefahrenstelle bei der Seefahrt erkannt hat, ist nach internationalem Seerecht zur Mitteilung an folgende Passierer dieser Gefahrenstelle verpflichtet. Die gegenseitige Grußpflicht von Seglern ist eine daraus gewachsene sicherheitsbedeutsame Konsequenz. Durch das Heben des Arms teilt der Rudergänger dem anderen Rudergänger mit, daß in seinem Kielwasser alles klar gewesen ist und wünscht gleichzeitig mit dem Gruß der anderen Crew eine glückliche Heimkehr.

Die auf vielen Seemeilen erworbene Praxiserfahrung stellt das kostbarste Gut dieser Segelgemeinschaft dar. Jeder Einsteiger und Mitsegler sollte auf diesen Er-

fahrungsschatz zurückgreifen. Grundlegende Erkenntnisse der Segelpraxis finden sich in den Standardwerken der Weltumsegler Slocum, Dumas, Chichester, Moitessier, Hiscock, Erdmann, Schenk und Cornell, die bei langen Hochseereisen in die Bordbibliothek gehören.

Viele Schiffsführer besorgen sich für ihre Törnplanung mündlich oder fernmündlich von den »Vorseglern« Revier- und Routenauskünfte. Oft sind auch nationa-

▶ *In der Dünung vor Helgoland.*

le und internationale Vereinigungen und Zusammenschlüsse von Seglern für konkrete Auskünfte und Dienstleistungen gute Ansprechpartner.

Mut, Umsicht, Geduld und die Bereitschaft, Ratschläge anderer Segler ernst zu nehmen, sind die wichtigsten Voraussetzungen, um erfolgreich zu neuen und fernen Ufern aufzubrechen. Das Ufer auf der gegenüberliegenden Seite des heimatlichen Sees kann für manch einen Segeleinsteiger mental ebenso weit entfernt liegen wie für Kolumbus und seine Crew die Küsten Japans und für Vasco da Gama die Küsten Indiens.

Das erste Kapitel guter Seemannschaft: Sicherheit kommt vor dem Spaß

Der Schiffsführer (Skipper) trägt rechtlich die ausschließliche und alleinige Verantwortung für die Sicherheit von Crew und Schiff. Von seiner seemännischen Autorität und Kompetenz hängt das Gelingen einer Seereise entscheidend ab. Der vorbildliche Skipper ist Befehlsgeber, aufmerksamer Seemann, feinnerviger Wachführer, verständnisvoller und hilfsbereiter Freund und oft auch noch ein exzellenter Koch. Aufgrund seiner Erfahrung strahlt

▶ *Widerrede zwecklos: An Bord müssen Rettungswesten getragen werden.*

er große Ruhe aus, und er ist Träger und Beispiel von Verantwortung und Sicherheit an Bord. In seiner Gegenwart fühlen sich die Mitsegler wohl und sicher.

Skipper führen ihre Boote mit Geduld, sorgfältiger Vorbereitung und klar verteilten Verantwortungsbereichen. Gute Seemannschaft heißt, mit Ausrüstung und allen Bordressourcen sorgfältig umzugehen. Sicheres und materialschonendes Segeln ist eine durch die Praxis erlernbare Fertigkeit. Jeder Materialbruch kann das Einlaufvorhaben und den Törnverlauf negativ beeinträchtigen und die Crew in Streß oder gar Angst versetzen. Fehlende Sorgfalt bei Bemannung, Provantierung, Ausrüstung oder Routenplanung kann bei einem Seetörn schonungslos von den Bedingungen der See bestraft werden. Eine seegehende Segelyacht kann auf hoher See im allgemeinen nur mit ihrer begrenzten Segelgarderobe den nächstmöglichen Hafen erreichen. Geht die Crew mit den Segeln nicht hinreichend sorgfältig und materialschonend um, entsteht hieraus sehr schnell ein Sicherheitsrisiko. Gleiches gilt für Proviant, Treibstoffe, Wasser, Batterieleistung etc. Schwachstellen am Boot, seiner Struktur und in der Ausrüstung werden schnell von Wind- und Wellenkraft bloßgelegt. Vor jedem Auslaufen soll der Sicherheitscheck alle Schwachstellen aufspüren.

Auf Segelbooten wird eine kurze, präzise und unmißverständliche Kommandosprache gepflegt. Diese kann von Crew zu Crew verschieden sein. Jedoch braucht die gute Führung von Segelbooten eine prägnante und einheitliche Kurzsprache, die auch im Lärm eines Sturmes die Bewegungsabläufe der Crew – z. B. beim Segelwechsel – koordiniert. Ein souverän und dadurch anmutig von allen Mitseglern durchgeführtes Segelmanöver macht Spaß und verhindert Verletzungen und Materialbruch.

▶ *Vor dem Eintreffen des angekündigten schweren Sturms haben sich diese Yachten bei den Peterman-Inseln in der Antarktis ein Schlupfloch gesucht.*

Das zweite Kapitel guter Seemannschaft: Respekt vor dem Revier

Zur sicheren Seefahrt gehören reviergerechte Boote, eine reviergerechte Ausrüstung und eine reviergerechte Crew. Vor dem Auslaufen geht man vom Zusammentreffen und Eintreffen der ungünstigsten der möglichen Prognosen und Verhältnisse aus. Auf einem Binnensee von einem Gewittersturm mit Blitz, Hagel und einem Temperatursturz überrascht zu werden, kann eine Jollencrew in Panik versetzen und in Seenot bringen. Jedes Revier hat seine Besonderheiten und Tücken, deren Opfer man werden kann, wenn das Revier unterschätzt oder seine Gefahren nicht beachtet werden.

Die Theorie des Segelns ergänzt die Praxis

Für Segler sind die eigenen Praxiserfahrungen von grundlegender Wichtigkeit. Oft wird jedes gelungene und jedes mißlungene Manöver in der guten Stube theoretisch rekapituliert, unter Berücksichtigung der jeweiligen Naturverhältnisse beschrieben und als Erkenntnis und Verbesserung an folgenden Segeltagen umgesetzt. In der Segelpraxis wiederholen sich die meisten Manöver und Entscheidungen. Erst durch die Praxiserfahrung vertieft sich das Interesse und die Bereitschaft, sich mit den physikalischen Grundlagen des Segeln systematisch und theoretisch auseinanderzusetzen. Durch das theoretische Wissen lassen sich die am Rumpf, Rigg und Segel wirkenden Naturkräfte optimaler oder effektiver umsetzen.

Der Deutsche Segler-Verband (DSV) bietet in Zusammenarbeit mit DSV-anerkannten Segelvereinen und Segelschulen Theoriekurse an, in denen die physikalischen Grundlagen in der »guten« Stube mit den Kursteilnehmern erarbeitet werden. In diesen Theoriekursen werden außerdem die gesetzlichen Bestimmungen und Regelungen erläutert, die Sportbootfahrer in der Praxis beachten müssen. Die

▶ *Jüngstensegeln: In einer Einhandjolle wird graue Theorie zur lebendigen Erfahrung.*

vom DSV empfohlenen Lehrwerke und die Themen-Schwerpunkte dieser Theoriekurse lassen sich in den Internetseiten des Deutschen Segler-Verbandes einsehen. Auskünfte darüber gibt es auch direkt beim DSV in Hamburg.

Der erste Tag auf einer Segeljolle

Wer als Einsteiger ein Segelboot erwerben möchte, sollte sich nicht nur bei der Kaufentscheidung durch einen praxiserfahrenen Segler beraten lassen. Das neue Boot sollte optimal zu den Vorstellungen und Absichten des neuen Eigners passen. Die meisten Neueinsteiger nehmen deswegen auch gerne den Ratschlag eines erfahrenen Seglers bei einem gründlichen Sicherheitscheck der Jolle in Anspruch.

Beschläge, Leinen, Segel, Sicherheitsausrüstung etc. fangen auch bei Jollen große Kräfte auf und sol-

▶ *Diese Jolle ist auch am Steg eine Augenweide.*

len für die gesamte Segelsaison verläßliche Dienste leisten. Sie werden daher ständig gewartet und ihre Verläßlichkeit wird immer wieder geprüft. Größere Reparaturen und Umbauten werden für das Winterlager vorgesehen oder bei einer Bootswerft zur Reparatur beizeiten angemeldet.

Am ersten Praxistag läßt man sich am besten von einem Segelkundigen in wenigen Worten die Funktion der wesentlichen Ausrüstungsteile des Bootes erklären. Gemeinsam wird die Sicherheitsausrüstung gründlich kontrolliert und geprüft. Nachdem man sich über die Besonderheiten und Gefahren des Reviers kundig gemacht hat, wirft man vor dem ersten Auslaufen einen Blick auf das Wetter, die Windstärke, die Windrichtung und den Wellengang.

▶ *Aufbau einer Jolle.*

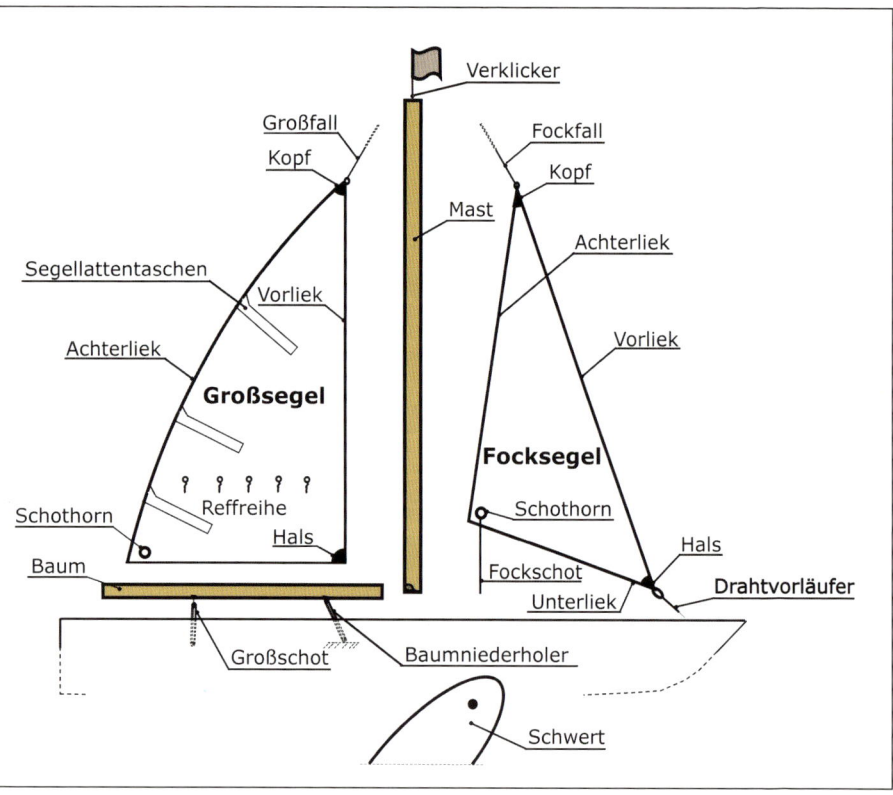

Die persönliche Ausrüstung zum Jollensegeln

- Ölzeug (wasserdichte Latzhose, leichte wasserdichte und atmungsaktive Regenjacke mit Kapuze)
- Mütze, Schal, Seglerhandschuhe, Turnschuhe oder Bordschuhe, Gummistiefel
- Handtuch (wird auch als Schal bei Schlechtwetter unter der Jacke getragen)
- Pulli, Hemd, Hose, T-Shirts, Shorts, Unterwäsche, Badeanzug, 1 Garnitur Ersatzwäsche in Folie eingeschweißt
- Sonnencreme, Sonnenbrille mit Sicherungsbändsel (Bändsel siehe Glossar), Schirmmütze mit Bändsel
- Bordmesser, Verbandskasten, wasserdichter Seesack oder Beutel
- evtl. Jollenrettungsweste mit Pyro-Notsignalgeber
- Ausweise in wasserdichter Hülle, Telefonkarte
- Zusatz für Strandkatsegler: Neopren-Anzug, Pyro-Notsignalgeber

Vom Steg ablegen

Nachdem die Jolle an der Vorleine mit der Nase (der Seemann spricht von »Bug«) in den Wind gelegt ist, werden nacheinander Großsegel und Vorsegel hochgezogen (»vorgeheißt«). Dann wird der Baumniederholer dicht geholt. Bevor die Vorleine gelöst wird, wird das Vorsegel auf einer der Bootsseiten gegen den Wind (»back«) gehalten und die Pinne zur anderen Bootsseite gelegt. Ein letzter Blick schafft Gewißheit, daß rückwärtig kein Verkehr durchgeht. Endlich wird die Vorleine losgeworfen. Die Jolle segelt nun kontrolliert rückwärts und dreht sich durch die im Vorsegel wirkende Windkraft und durch die Ruderstellung nach zwei bis drei Bootslängen in die gewünschte Richtung. Sobald der Wind etwa rechtwinklig von der Seite ins Groß-

segel einfällt, wird das Vorsegel auf die andere Bootsseite geholt und die Pinne in Mitschiffsstellung gebracht. Es werden Fockschot und Großschot angezogen.

Die Jolle nimmt nun rasant Fahrt auf. Für Einsteiger wie für Fortgeschrittene ist es immer wieder eine große Freude zu erleben, wie leicht steuerbar und wie schnell eine Segeljolle durch die Wellen pflügt. Auf »Halbwindkurs«, bei dem der Wind senkrecht von der Seite in die Segel einfällt, wird die Jolle in freie Wasserflächen gesteuert, wo niemand das Probesegeln stört.

Der Rudergänger sitzt beim Jollensegeln stets auf der Windseite (»luvseitig«) des Großsegels. Mit einer Hand steuert er die Jolle mittels der Pinne, und mit der anderen hält und bedient er die Großschot. Sein Vorschoter sitzt ebenfalls auf der Windseite der Jolle. Beide wirken mit ihrem Gewicht der Bootskrängung ent-

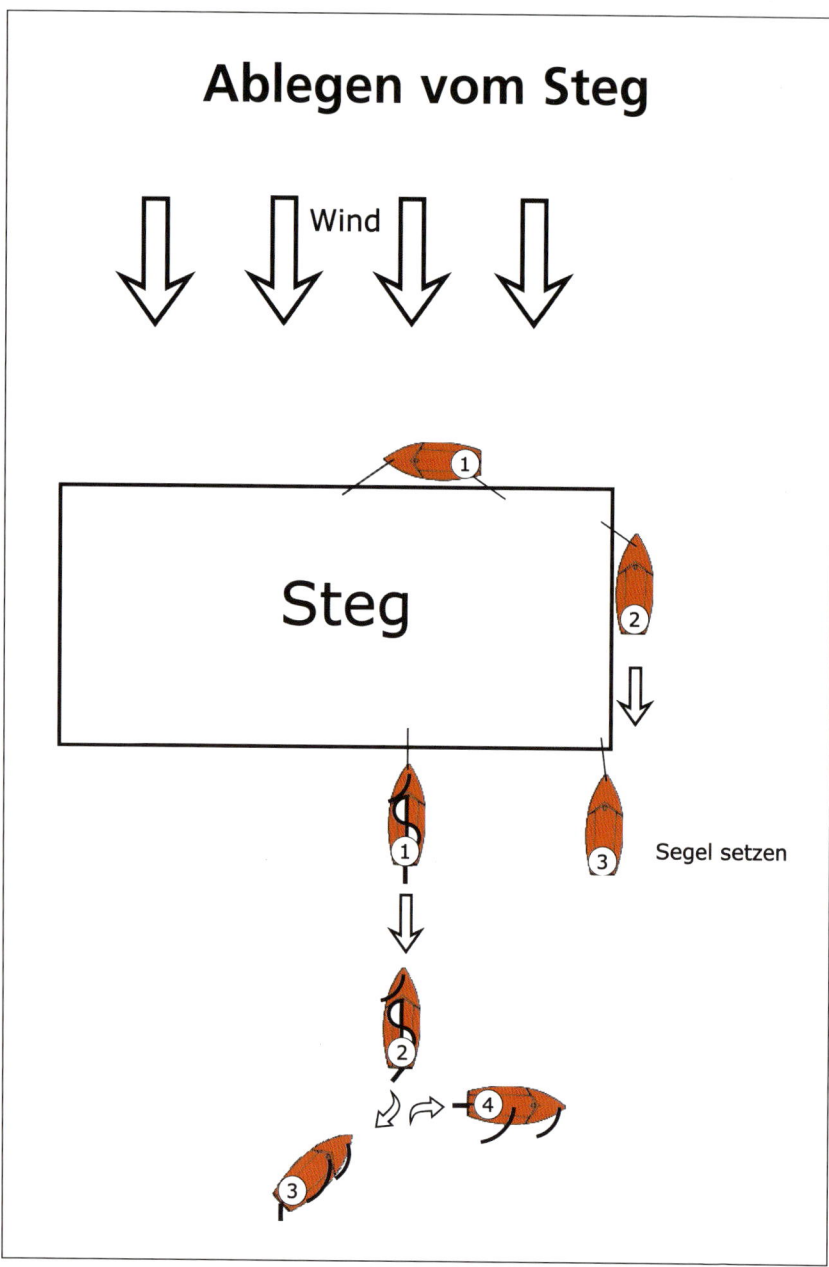

Ablegen vom Steg

Wind

Steg

Segel setzen

▶ *In voller Fahrt trimmt diese Crew den Zugvogel durch Gewichtsverlagerung.*

gegen. Der Rudergänger hat über die Pinne direkten Einfluß auf das Zusammenspiel von Kurswahl und Segelstellung. Zu jedem Kurs bedingt eine bestimmte Segelstellung den optimalen Vortrieb. Daher gibt nur der Rudergänger die Kommandos an seine Vorschoter, wie die Schoten zu führen sind und wann und in welcher Stellung die Segel ihren optimalen Trimm haben.

Die Wende: Der Bug geht durch den Wind

Auf verkehrs- und hindernisfreien Flächen wird der Bug der Jolle durch den Wind gedreht (gewendet), um zum Ausgangspunkt zurückzusegeln. Dazu drückt der Rudergänger die Pinne weit in die dem Wind abgewandte Seite (»Lee«), woraufhin der Bug der Jolle durch den Wind gleitet.

In dem Moment, in dem der Wind genau von vorne kommt, steigt die Crew unter dem Baum hindurch und über den Schwertkasten zur anderen Bootsseite hinüber. Beim Übersteigen wechseln Pinnenhand und Schothand, und das Ruder wird wieder in die Geradeausstellung (»Mittschiffsstellung«) gebracht. Die Schoten werden soweit angezogen (»dicht geholt«), daß die Segel gerade nicht mehr im Wind flattern (»killen«).

Kreise segeln

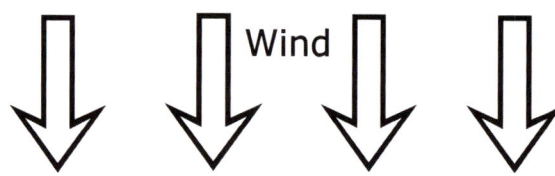

Wind

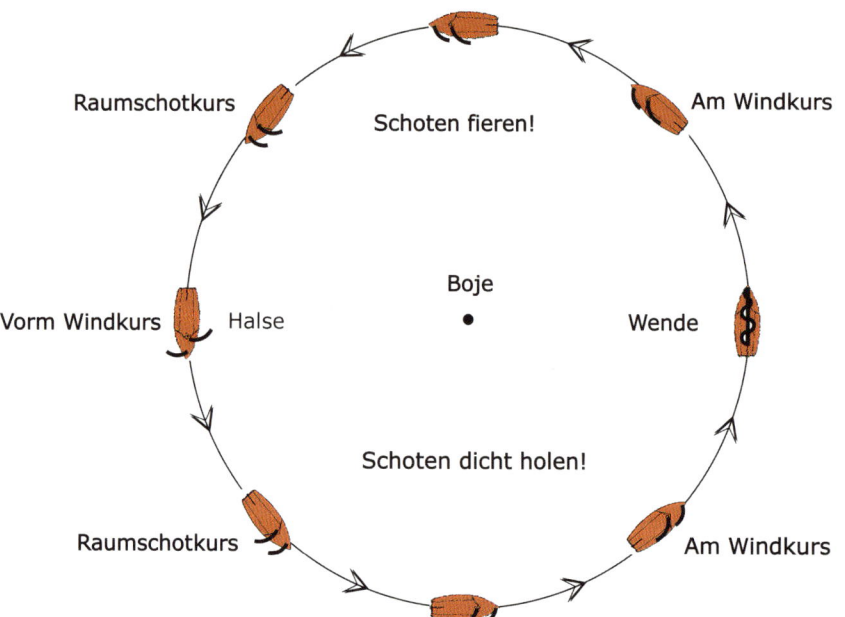

Halbwindkreis

Raumschotkurs

Am Windkurs

Schoten fieren!

Boje

Vorm Windkurs   Halse

Wende

Schoten dicht holen!

Raumschotkurs

Am Windkurs

Halbwindkurs

Kreise segeln

Im freien Wasser in gehöriger Entfernung zum Steg und zu Ankerliegern wird eine Boje ausgebracht. Dazu werden ein Bootsfender und das Ankergeschirr verwendet. Es ist eine beliebte Standardübung, mit der Jolle bei leichten und mäßigen Winden hintereinander viele gleichmäßige Kreise um eine Boje zu segeln. Segelstellung, Ruderstellung und Gewichtsverteilung werden mit Dauer der Übung – also von Kreis zu Kreis – immer besser. Bei gleichmäßiger Geschwindigkeit beschreibt das Kielwasser ebenmäßige 20–30 m große Kreise um die Boje. Jedesmal wenn der Bug der Jolle durch den Wind geht, »wendet« das Boot, und die Segel wehen zur anderen Bootsseite aus. Ähnliches passiert, wenn das Heck des Bootes durch den Wind geht und die Jolle »halst«. Beim Halsen ist darauf zu achten, daß der übergehende Baum mit Hilfe der Großschot dicht geholt wird, kontrolliert die Bootsseiten wechselt und niemanden am Kopf trifft. Kommt der Baum plötzlich über, kann dabei die Schräglage der Jolle extrem werden. Beim Überkommen des Baumes legt der Rudergänger kurz Stütz- oder Gegenruder und achtet darauf, daß das Großsegel dabei nicht in die Großschot einruckt, sondern nach Lee ausweht.

Anlegen an einer Boje

Bevor man unter Segel am Steg anlegt, wird das Anlegemanöver an der Boje geübt. Man nähert sich der Boje auf einem Halbwindkurs. Auch bei nicht optimierter Schotenstellung und falscher Gewichtsverteilung erreicht das Boot hohe Geschwindigkeiten und bleibt leicht steuerbar.

Man steuert einen sogenannten »imaginären Aufschießpunkt« an. Dieser Punkt liegt von der Boje in Windrichtung um drei bis vier Bootslängen versetzt und bestimmt die Stelle, an der der Rudergänger aus einem Halbwindkurs durch eine 90-Grad-Drehung die Jolle gegen den Wind gleiten läßt. Der Wind bremst das Boot je nach Stärke und Wellengang nach 2 bis 4 Bootslängen ab. Der Aufschießer sollte eher verhungern als über die Boje hinausreichen.

Reicht die Bremswirkung des Windes nicht aus, so gibt es zusätzliche Bremsen:

1. Extreme Ruderlagen: Abwechselnd und sehr kurz hintereinander wird die Pinne nach Backbord und Steuerbord gedrückt.
2. Der Rudergänger drückt mit dem Baum das Großsegel gegen den Wind (»backhalten«).
3. Auf dem Achterdeck ist ein Eimer festgelascht, der zum Bremsen über Bord gedrückt werden kann. Auf größeren Yachten dient dazu auch der Heckanker, der bei Hafenmanövern klar zum Fallen bereit liegt.

Anlegen an einer Boje

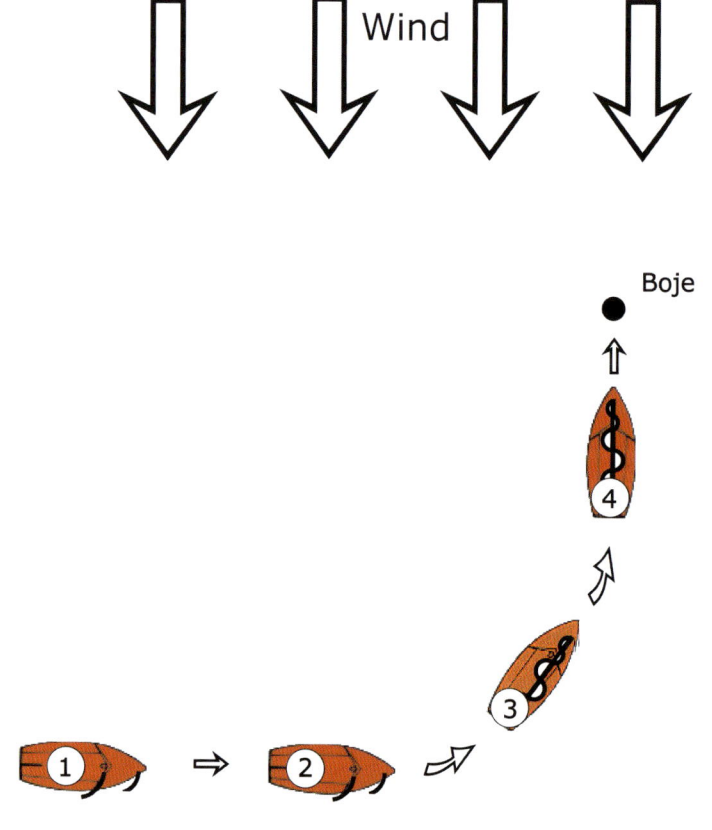

Wind

Boje

"Klar zum Aufschießer"

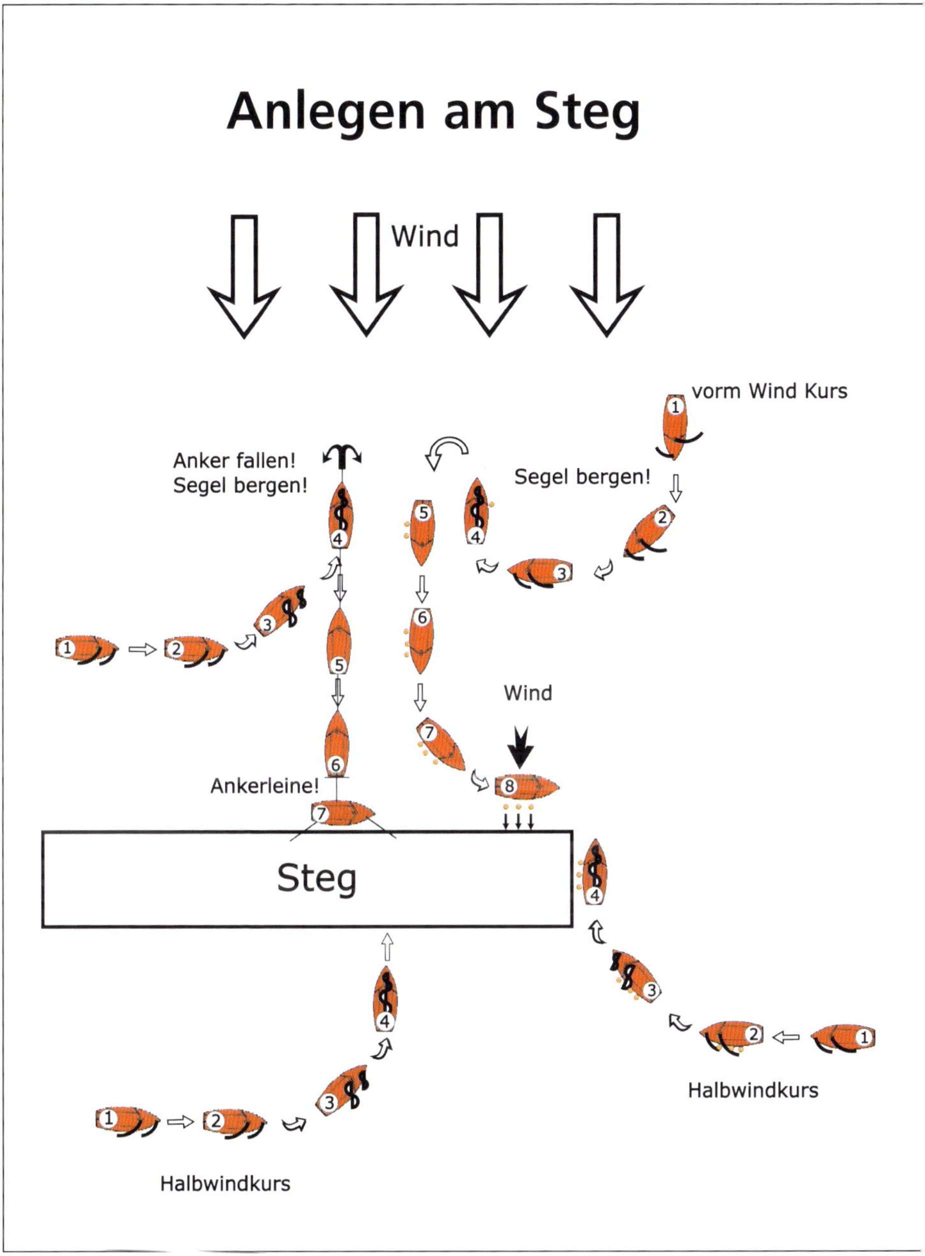

Anlegen am Steg

Wind

vorm Wind Kurs

Anker fallen!
Segel bergen!

Segel bergen!

Ankerleine!

Steg

Wind

Halbwindkurs

Halbwindkurs

Anlegen am Steg unter Segel

Der Einsteiger segelt nicht zum Anlegen in unüberschaubare und enge Hafenbecken hinein. Ungünstige Winde und reger Schiffsverkehr können zusätzlich einen Teil der Konzentration der Anlegecrew binden und das Manöver riskant, schwierig und stressig gestalten. Ist die Situation im Hafen zu unübersichtlich oder kompliziert, werden im freien Wasser vor der Anlegestelle bereits die Segel geborgen.

Fortgeschrittene drehen im Außen- oder Vorhafen bei und sondieren dabei die Lage, indem sie die Fock back stehen lassen und das Ruder in Lee festsetzen. Bei viel Wind kann im Vorhafen der Anker fallengelassen werden. In beiden Fällen läßt sich die Situation in Ruhe bedenken. Es wird die beim Anlegen störende und überflüssige Ausrüstung verstaut. Nachdem Fender und Festmacherleinen bereitgelegt worden sind, studiert man gegebenenfalls die Lage der Steganlage für Sportboote zur vorherrschenden Windrichtung im Hafenplan. Mit Paddelkraft, Motorkraft der Hilfsmaschine oder durch Treiben vor dem Wind arbeitet sich die Crew zum ausgesuchten Liegeplatz vor.

Ist jedoch reichlich Platz zum Aufschießen vorhanden und der Wind günstig, legt man mit einem Aufschießer am Steg an. Der Rudergänger bereitet seine Crew und sein Boot auf einem leicht trimmbaren Halbwindkurs auf den Anleger vor. Beizeiten können auf diese Weise die beabsichtigten Hafenmanöver erläutert und abgesprochen werden. Der erste Anlegeversuch muß nicht gleich perfekt klappen, sondern es ist durchaus üblich, den ersten Anleger bewußt »verhungern« zu lassen. Auf dem Vorschiff steht ein Crewmitglied mit der sauber aufgeschossenen und an einer Klampe belegten Vorleine in der Hand.

Bootshaken haben auf Segelbooten beim Anlegen nichts zu suchen. Meist wartet am Steg ein freundlicher Helfer, dem man die sauber aufgeschossene Vorleine zuwirft oder besser nur das Leinenende (mit »gestektem Palstek«) anreicht.

Sinn und Zweck der Kommandosprache

Die Mitsegler auf Segelbooten koordinieren ihre gemeinsamen Handlungen, um die schnellen Bewegungsabläufe vorzubereiten und abzusichern. Unkoordinierte Mannschaften verursachen auf Segelbooten Bruch und Unfälle, wenn mit den großen Kräften, die auf Schoten, Fallen, Stagen und Wanten liegen, ohne Abstimmung und Absprache gearbeitet wird.

Für die unterschiedlichen Manöver wird der Skipper eindeutige Vokabeln und Redewendungen festlegen. Diese können von Skipper zu Skipper und von Schiff zu Schiff verschieden sein. Es kommt darauf an, daß insbesondere bei Sicherheitsmanövern mit dem Verstehen des Kommandos der Mitsegler eindeutig im Sinne desjenigen reagiert, der das Kommando gegeben hat, auch wenn Satzbrocken oder Wortfetzen vom Sturm verweht werden.

Viele Skipper bestehen darauf, daß grundsätzlich alle Kommandos vom Adressaten wiederholt und somit bestätigt werden. Bei Sicherheitsmanövern sind die Adressaten der Kommandos auch namentlich zu benennen, falls mehrere Mitsegler an Bord sind. So ist zum Beispiel auf einem Küstenkreuzer das Kommando: »Ausguck besetzen, Vorsegel bergen!« verwirrend, weil niemand persönlich angesprochen wird. Das Kommando kann besser: »Paul, Ausguck besetzen!« und »Klaus und Heidi, Vorsegel bergen!« heißen. Da zumindest namentlich belegte Kommandos bestätigt werden, vernimmt man anschließend von Paul: »Ausguck besetzen!« und von Klaus und Heidi: »Vorsegel bergen!«

Eingespielte Crews führen ihre Manöver mit einer stummen Kommandosprache in Form von Blickkontakten oder Zeichensprache aus. Die folgende Tafel zeigt die wichtigsten Kommandos für Einsteiger und Mitsegler; die Bestätigungen sind dabei nur teilweise wiedergegeben.

▶ *Glücksdroge Segelsport.*

Manöversprache

Ziel: Koordinierung der Handlungen der Deckscrew
Zweck: Unfallverhütung, Materialschonung
Form: präzise, knapp, freundlich, z. T. mit direkter namentlicher Ansprache
Durchführung: mit Worten oder durch vorher verabredete Zeichen oder Blickkontakt

Manöver	Ankündigung
Ablegen:	»Klar zum Ablegen?« »XYZ (Name der angesprochenen Person), klar bei Vorleine?« »XYZ (Name der angesprochenen Person), Fock back auf Bb!«
Wenden:	»Klar zur Wende?«
Halsen:	»Klar zur Halse?« »Fier auf die Schoten!«
Anlegen:	»Klar zum Anlegen mit (Bb-)Bug?« »XYZ (Name der angesprochenen Person), klar bei Vorleine?« »XYZ (Name der angesprochenen Person), klar bei Fender?
Reffen:	»XYZ (Name der angesprochenen Person), klar zum Reffen?«
Ankern:	»XYZ (Name der angesprochenen Person), Anker klar zum Fallen?« »Auf 10 m Tiefe?«

Formelsätze: Für Anfänger und in Notsituationen eine wichtige Stütze und Orientierung. Der Skipper legt mit der Crew die benutzten Redewendungen und Zeichen fest.

Bestätigung: Generalkommandos und namentliche Aufforderungen werden grundsätzlich von der Deckscrew bestätigt.

Bestätigung	Anweisung
Crew: »Ist klar!«	»Alle Leinen bis Vorleine los!«
XYZ: »Vorleine ist klar!«	»Vorleine los!«
XYZ: »Fock trägt!«	»Über die Fock auf Halbwind!« – »Bitte Aufklaren!«
Crew: »Ist klar!«	»Ree!«
Crew: »Ist klar!«	»Rund achtern!«
Crew: »Schoten fieren!«	»Hol dicht Fockschot!«
Crew: »Ist klar!«	
XYZ: »Vorleine ist klar!«	
XYZ: »Fender sind Bb klar«	»Schoten los!«
	(Fvtl.) »Großbaum an Stb back halten!«
	»Über die Vorleine!«
XYZ: »Klar!«	»Großschot fieren!«
	»Großbaum andirken!«
	»Fier Großfall!«
	»Unterliek durchsetzen!«
	»Großfall durchsetzen!«
	»Tuch einbinden!«
XYZ: »Anker ist klar!«	
	»Laß fallen Anker mit 15 m Kette!«
XYZ: »Anker faßt!«	»30 m Kette stecken!«
	»Ankerwache besetzen!«

Mann-über-Bord-Manöver auf Jollen

Von Jollen gehen relativ oft Mitsegler über Bord. Dieser Notfall sollte von jeder Crew intensiv mit einem Rettungsring oder dergleichen simuliert, vorbereitet und eingeübt werden.

An Bord einer Jolle werden grundsätzlich fest anliegende ohnmachtssichere Rettungswesten mit Schrittgurt getragen. Jollen und Küstenkreuzer fahren in geschützten Revieren eine Schleife, um den Überbordgefallenen mit einem Beinaheaufschießer in Lee des Bootes zu bergen. Dabei sollte der Rudergänger, der ja mei-

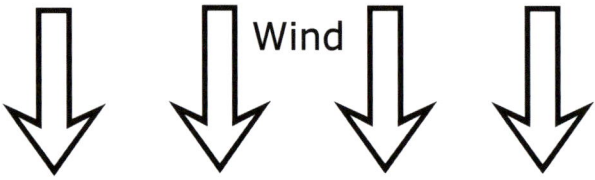

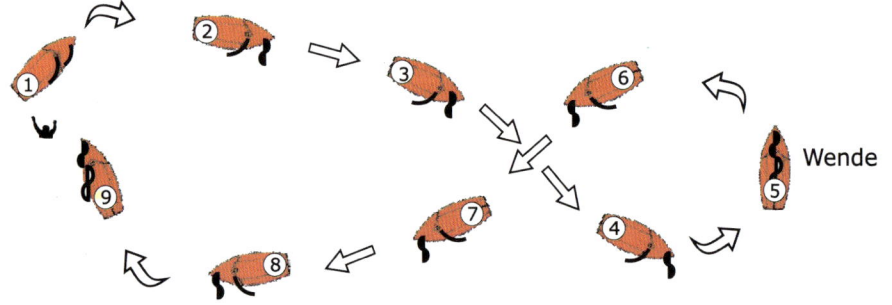

stens nur noch allein im Boot sitzt, darauf achten, auf einem Halbwindkurs mit 6 bis 8 Bootslängen die allgemeine Orientierung und Ruhe zu behalten. Halbwindkurse verzeihen Trimmfehler, und die Jollen sind dabei relativ kentersicher. Wegen des ggf. fehlenden Vorschoters kann die Fockschot lose bleiben. Nach einer Wende oder Halse geht man wieder auf Halbwindkurs und hat erneut ca. 8 Bootslängen Zeit, um Abdrift und Geschwindigkeit für den Beinahaufschießer zu bemessen. Ist der Überbordgefallene noch bei Kräften, kann man ihm mit einer Leinenbucht für den Fuß das Anbordkommen erleichtern. Gelingt es nicht, den Überbordgefallenen an Deck zu ziehen, muß man schnellstens durch Heben und Senken der ausgestreckten Arme oder durch andere Notsignale Hilfe und Rettung herbeiholen. In speziellen wasserdichten Klarsichttaschen gehen die Handys mit auf die Jolle. Sie können in solchen Notfällen nützlich sein.

Der Überbordgefallene sollte niemals versuchen zum scheinbar rettenden Ufer zu schwimmen. Schleppversuche mit Überbordgefallenen zur nächsten Sandbank oder zum Ufer sind wegen der großen Auskühlungsgefahr meistens gescheitert.

Kenterübung mit Jollen

Schwertjollen haben keinen Ballast und richten sich nach einer Kenterung nicht wieder von selbst auf, wie dies Kieljollen oder Kielyachten tun, die einen hohen Ballastanteil haben. Jeder Jollenskipper sollte sich mit der Eventualität »Kenterung« vertraut machen, um in diesem Fall die Jolle schnellstmöglich aufrichten zu können.

Die wasserdichten oder ausgeschäumten Auftriebskörper halten die Jolle auch im gekenterten Zustand über Wasser. Daher bleibt die gesamte Crew nach einer Kenterung in unmittelbarer Nähe ihrer Jolle und benutzt sie als Schwimmhilfe. Der Mast wird von einem guten Schwimmer nach Lee ausgerichtet, dabei wird die Mastspitze über die Wasseroberfläche gehalten. Die anderen Crewmitglieder steigen auf das Schwert der Jolle und richten mit Hilfe der Mastfallen das Boot gegen den Wind auf. Ist der Schwung zu groß und kentert sie nach Luv durch, wiederholt man den gesamten Vorgang. Jeder Jollensegler sollte bei ruhigen Bedingungen sich selbst, seine Crew und sein Boot auf diese häufige Standardsituation durch Probekenterungen vorbereiten.

Das Ankergeschirr: Anker, Kettenvorläufer, Ankertau und Ankerball

Das Ankergeschirr gehört zur Sicherheitsausrüstung. Der Schiffsführer wird vor Ausfahrten der Crew die Funktionsweise des Ankergeschirrs erläutern. Viele Standardsituationen werden durch nicht vor-

handenes oder ungenügendes Ankergeschirr plötzlich zur Notfallsituation.

In Hafennähe kann völlig unerwartet die
Antriebsmaschine ausfallen oder die An-
triebswelle durch Leinen blockiert werden; manchmal lassen sich die Segel
nicht bergen oder sie sind zerfetzt, und
man treibt zügig auf das Ufer (auf »Le-
gerwall«) in die Brandungszone zu.

Ein ordentliches Ankermanöver mit einem
reviergerechten und richtig dimensionier-
ten Ankergeschirr verhindert in diesen
Fällen das Aufkommen von Streß und
Ärger. Liegt ein Segelboot erst einmal
sicher vor Anker, kann man sich mit Ruhe
um die Lösung des Problems kümmern
und zur Not die Revierzentralen über
UKW-Schiffsfunk um Beratung oder Unterstützung bitten. Auch auf einem kleinen Binnensee sollten Jollen stets einen
Anker an Bord führen.

Wanderfahrten im Jugendkutter und im Schwertzugvogel

In Deutschland und Holland sind etliche
Binnenseen und Küstenseen durch bese-
gelbare Kanäle oder Flüsse verbunden.
Diese Binnenreviere sind geschützt, und
spätestens nach einer Halbtagesreise erreicht man den nächsten Zeltplatz mit
Steganlage oder einen preiswerten Jollen-
liegeplatz. Bei vielen Wassersportvereinen
zahlen Jugendboote keine Liegegebühren
und die Vereinsanlagen (Duschen, Grill,

Sportplätze) können kostenfrei genutzt
werden unter der Voraussetzung, daß sie
sauber und aufgeklart hinterlassen werden.

Offene Segelwanderkutter nehmen bis
zu 10 Mitsegler mit. Geschlafen und gekocht wird an Bord unter wasserdichten
Planen. Bei Flaute greifen die Mitsegler
zu den Riemen und pullen den Kutter
zum nächsten Hafen. Die einfache Besegelung dieses Zweimasters ist leicht zu
bedienen. Zwar segeln die schweren und
robusten Boote bei Welle nicht sehr gut
am Wind, auf allen anderen Kursen aber
sind die Kutter erstaunlich schnell und
seetüchtig.

Die Fahrten werden im Winter gründlich
und mit viel Vorfreude von den Crews
mit ihren Bootsführern vorbereitet. Dazu
gibt es spezielle Wanderführer, die alle
Informationen über Liegeplätze, Schleu-
senzeiten, Slipgelegenheiten und Tips zu
Landgängen für die jeweiligen Regionen
kurz und bündig vermitteln.

Die Jugendlichen leisten ein gehöriges
Maß an Arbeitsstunden während des
Winterlagers für ihren Segelkutter, bevor
er im Frühjahr geslippt und aufgetakelt
werden kann. In den Sommerferien beginnt dann am Vereinsheim die große
Reise. Bei guter und stabiler Witterung
wird auch schon mal eine kleine Strecke
über die Ostsee oder durch das Wattenmeer der Nordsee zurückgelegt. Im Nord-
Ostsee-Kanal findet die freundliche Crew
eines Jugendbootes schnell einen Segler
für die 10-stündige Schleppfahrt. Oft

Checkliste für Jollenwanderfahrten

Rigg
- Wanten und Stage auf Bruch und Risse geprüft
- Terminals überprüft, Splinte und Sicherungsringe mit Tape fixiert

Segel
- Bindereffsystem des Großsegels vollständig und okay
- Sturmfock-, Fock- und Genualieken okay
- Dirk, Niederholer, Fallen okay und Ersatzfall an Bord

Schwert- und Ruderanlage
- Beschläge an Ruder und Pinne richtig dimensioniert und in Ordnung
- Schwert und Ruder gegen Herausfallen bei Kenterung gesichert

Anker
- Baas- und Ball-Anker, 20 m Ankertau

Rettungsgeschirr
- Rettungsweste mit Pyro-Notsignalgeber für jeden Mitsegler an Bord
- schwimmfähige, stoßunempfindliche und wasserdichte Taschenlampe
- Ösfaß, Schlagpütz
- 2 Paddel mit kentersicherer Halterung
- Rettungskragen mit Blitzlampe
- Signalhorn
- kleine wasserdichte Werkzeugtasche mit Ersatzschäkel, Schrauben und Muttern
- Lochband, Splinte, Segelreparaturset, Bordmesser und Tape
- Verbandskasten mit Pflaster und Wundheilsalbe, kentersicher an Bord verstaut

Verschlußzustand
- Auftriebskörper auf Dichtigkeit geprüft
- Moosgummidichtung und Verriegelung von Vorschiffs- und Heckklappen geprüft

Spezialausrüstung
- wasserabweisende Persenning oder Kuchenbude
- wasserdichter Seesack für Schlafsack und Wäsche

- wasserdichte Tasche für Campingausrüstung
- Ölzeug für jeden Mitsegler, Jollenkompaß

Kommunikation
- mechanisches Signalhorn
- Handy in wasserdichter Spezialhülle
- Miniradio für lokalen Wetterfunk in Plastikbeutel
- An-/Abmelden beim Hafenmeister oder Stegwart
- Einlaufmeldung an Bekannte/Verwandte
- Vereinsstander, Revierführer- oder Wanderführer in wasserdichter Klarsichthülle

Sicherung
- Bodenbretter, Schotten, Luken und sämtliche Ausrüstung für den Fall einer Kenterung gesichert
- ggf. TÜV-Zulassung des Straßentrailers

schließen sich unterwegs einige Wanderkutter zu einer Flottille zusammen. Die Crews haben unterwegs großen Spaß daran, miteinander und gegeneinander zu segeln.

Nach zwei oder drei Wochen wird mit dem Vereinsbulli die neue Crew herbeigefahren und gegen die alte ausgetauscht. Der Bootsführer bleibt meistens an Bord. Die Bootsführer der Wanderkutter werden über viele Saisons in Theorie und Praxis angelernt und auf Speziallehrgängen des Deutschen Segler-Verbandes ausgebildet. Sie sind in ihre große Verantwortung langsam hineingewachsen. In vielen Jugendvereinen, einschließlich der Ortssektionen der deutschen Marinejugend, wird die große Tradition des Kuttersegelns mit Schülern, Studenten und ehrenamtlichen Helfern lebendig gehalten.

Wanderfahrten mit kleineren Crews können ideal mit einem Schwertzugvogel durchgeführt werden. Das Boot ist als Knickspanter relativ kentersicher, und es verträgt eine Mütze Wind, wenn das Großsegel mit zwei einfachen Bindereffreihen ausgestattet ist. GFK-Schwertzugvögel haben einlaminierte wasserdichte Auftriebskörper, so daß die Boote bei einer Kenterung hoch im Wasser treiben und leicht von einer oder zwei Personen aufgerichtet werden können. Im Vorschiff und im Achterschiff befinden sich große Stauräume. Das Boot verträgt erstaunlich viel Zuladung, ohne seine Schnelligkeit

▶ *Segeln muß keineswegs als Leistungssport betrieben werden.*

und Wendigkeit zu verlieren. Der Schwertzugvogel ist eine ideale Wanderjolle für zwei oder drei Jugendliche. Aufgetuned kann man mit ihm in einer nationalen Einheitsklasse an großen Regatten teilnehmen.

Durch sein geringes Gewicht von etwas unter 300 kg ist der Schwertzugvogel leicht zu trailern. Jedes Auto mit Anhängerkupplung kann ihn auf einem vom TÜV zugelassenen Trailer ziehen und das Boot zu jedem Wunschrevier im In- und Ausland verholen. Die Benutzung der Slipanlage am Zielort ist meist kostenpflich

tig. Parkplatz und Parkdauer von PKW und Trailer sollten am besten mit Hilfe eines örtlichen Segelvereins arrangiert werden. Jollenwanderfahrten können immer an beliebigen Orten enden. Auto und Trailer kann man mit öffentlichen Verkehrsmitteln erreichen. Damit kann man dann zum Boot zurückkehren.

Im Vorschiff des Schwertzugvogels kann eine komplette Zeltausrüstung verstaut werden. Wer lieber auf seinem Schiff schlafen möchte, besorgt sich eine angepaßte Plane, eine sogenannte Kuchenbude, die das Boot vollständig über spannt und die Mitsegler im Hafen nachts vor Wind und Wetter schützt.

Der Schwertzugvogel hat wasserdichte Stauräume, in denen ein Radio für den Wetterbericht, Taschenlampe, Notpositionslampen mit Trockenbatterien, Ausweispapiere etc. sicher und relativ trocken verstaut werden können. Einige Jugendliche nehmen ein Mobiltelefon (Handy) in einem wasserdichten Klarsichtbeutel mit an Bord. Die Crew kann sich regelmäßig zu verabredeten Zeiten für einen Lagebericht melden. Für Notfälle auf Binnenseen und in Küstennähe ist dieses Gerät nützlich, aber nicht verläßlich.

Da Benzin explosiv ist, verzichten viele Jollensegler auch während der Wanderfahrt auf die Mitnahme eines Außenborders. Ist Benzin an Bord einer Jolle, besteht auf der Jolle absolutes Rauchverbot. Statt eines Motors werden besser zwei oder drei robuste und leichte Paddel mitgenommen, die an den Seitenwänden festgebändselt werden, so daß sie bei einer Kenterung nicht verloren gehen.

Die Anschaffungskosten für einen guten gebrauchten Schwertzugvogel mit GFK-Rumpf und Holzdeck, einschließlich eines vom TÜV zugelassenen Straßentrailers liegen zwischen DM 5000,– und DM 8000,–. Durch die große Einheitsklasse kann man

▶ *Unter dem Cockpit-Zelt und in einen mollig-warmen Schlafsack gekuschelt können auch Nächte auf dem Boot zum Erlebnis werden.*

mit etwas Geduld immer ein Schnäppchen machen. Günstige Angebote für Ersatzsegel und Ersatzausrüstung finden sich im Internet und in den Kleinanzeigen der Verbandszeitschriften.

Vor dem Auslaufen zur nächsten Tagesetappe holt der Skipper im Bordradio den lokalen Wetterbericht und die lokale Windvorhersage ein. Wanderjollen laufen bei Windstärken von zwei bis fünf aus, ansonsten ist Faulenzen im Hafen oder Landgang angesagt. Besonders sensibel reagieren alle Jollencrews auf die Vorhersage der Gefahr von Gewitterböen.

Wer in einer Jolle auf dem Wasser von einer Gewitterfront überrascht wird, wird mit Sturmböen, Seegang, Starkregen, schlechter Sicht und mit Winddrehern und Temperaturstürzen zu kämpfen haben.

Kann eine Jollencrew auf dem Wasser der Gewitterfront nicht mehr entfliehen, so sollte vor Einsetzen des Starkregens die Schlechtwetterkleidung angelegt werden. Vor Einfallen der ersten Sturmböen sollten die Segel geborgen und das Ankergeschirr bereit gelegt werden. Die Sturmböen dauern in der Regel nur maximal 20–30 Minuten, und die kann die Crew zur Not vor Anker mit der »Nase im Wind« abreiten. Mit Hilfe der Paddel oder, falls vorhanden, mit Hilfe des Außenborders wird die Jolle möglichst genau im Wind gehalten. Wegen der Gefahr von Blitzeinschlägen hält man sich von den Metallteilen des Riggs fern.

▶ *Wasserdichte Taschenlampen sind auf Jollen ein Muß.*

Der Strandkatamaran, das pfeilschnelle Segeln

Katamarane, kurz Kats genannt, sind die am häufigsten gesegelten Mehrrumpfboote. Ursprünglich sind Kats in der Südsee und in Südostasien entwickelt worden. Durch die Entwicklung immer leichterer und festerer Bootsbaumaterialien erleben Mehrrumpfsegelboote seit den 70er Jahren auch bei uns eine Renaissance.

Ausweichregel

Maschinenfahrzeuge untereinander

Merkregel

a)

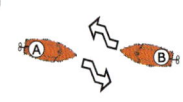

»Beide nach Steuerbord ausweichen«.

b)

»Rechts vor links«
A weicht aus, B hält Kurs.

Segelfahrzeug und Maschinenfahrzeug

c)

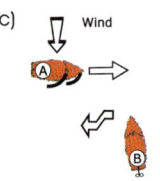

»Segler vor Maschinenfahrzeug«
A hält Kurs, B weicht aus.

Segelfahrzeuge untereinander

d)

»Backbordbug vor Steuerbordbug«
A weicht aus, B hält Kurs.

e)

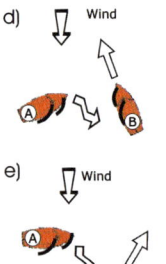

»Lee vor Luv«
A weicht aus, B hält Kurs.

Kommt ein Fahrzeug seiner Ausweichpflicht nicht nach, so muß das kurshaltepflichtige Fahrzeug durch das Signalhorn mindestens 5 kurze Töne abgeben. Weicht das Fahrzeug immer noch nicht aus, muß das kurshaltepflichtige Fahrzeug den Kurs ändern und sich freihalten.

Im Gegensatz zu Einrumpfbooten segeln Kats aufrecht. Durch ihr geringes Gewicht und durch die minimale benetzte Wasserfläche ihrer flachgehenden und schmalen Rümpfe sind Kats sehr schnell. Bei ca. 5 Grad Krängung wird der Luvschwimmer aus dem Wasser gehoben, und der Kat verringert die benetzte bremsende Rumpfoberfläche um 50 %. Jollen und Kielboote erreichen ihre größte Stabilität bei einer Krängung von 20–40 Grad. Bei Katamaranen ist jedoch im allgemeinen das Stabilitätsmaximum bei 15 Grad bereits überschritten. Kommt der Luvschwimmer weiter aus dem Wasser, kentert der Katamaran. Er nimmt dann auf dem Kopf liegend eine stabile Schwimmlage ein. Strandkatamarane lassen sich mit Eigenmitteln wieder aufrichten.

Strandkatamarane haben einen Tiefgang von einigen Zentimetern. Da diese Sportgeräte leicht gebaut sind und kaum Gewicht haben, kann man sie auf zwei Ballonrädern gelagert mit zwei Personen leicht über den Strand und über die Hochwasserlinie ziehen. An fast allen deutschen Badestränden werden während des Sommers Katamarane gelagert. Da sich Strandkatamarane leicht auseinanderschrauben lassen und daher leicht transportierbar sind, werden im Winter viele Strandkats ins Mittelmeer oder in die Karibik an den Urlaubsort verschickt. Bei mäßigen und frischen Winden erlebt man auf den Strandkats Segelspaß pur. Die Kats nehmen sofort Fahrt auf und gleiten pfeilschnell durch die Wellen. Die Geschwindigkeit und das Segelerlebnis sind unbeschreiblich fesselnd, aufregend und erfordern eine sportliche und trainierte Crew.

Kats sind äußerst trimmempfindlich. Der Gewichtstrimm, also die richtige Verteilung und Positionierung der Mannschaft, spielt bei diesen superleichten Konstruktionen eine entscheidende Rolle, um die maximale Geschwindigkeit aus dem Boot herauszuholen. Die Regattakats werden dabei mit Hilfe des Trapezgeschirrs aufrecht gesegelt. Diese beliebte Sportart verlangt den Einsatz von Muskelkraft und gute Abstimmung und Harmonie innerhalb der Crew. Der Vorschotmann kann im Trapezgeschirr durch geeignete Gewichtsverlagerungen nach vorn oder nach achtern den Kat luv- oder leegierig trimmen. Sobald der Rudergänger zunehmenden Ruderdruck meldet, wird durch Gewichtstrimm im Trapezgeschirr reagiert.

Durch ihre hohen Geschwindigkeiten laufen Kats fast immer Am-Wind-Kurse. Beim Einfallen einer Böe wird die Schot gefiert, und es wird durch Rudergeben abgefallen, um das Kentern zu verhindern.

Bei Windstärke 5–6 und raumen Winden kann der Strandkat schon mal mit einer Geschwindigkeit von 20 Knoten oder mehr durch die Wellen pflügen. Es ist ein atemberaubendes Erlebnis; angeblich soll es sogar süchtig machen. Bei schnellen Kursen schaufelt der Kat sehr viel Spritz-

▶ Die pfeilschnellen Strandkatamarane werden aufrecht gesegelt.

wasser aufs Trampolin. Daher wird die Crew auch in den Tropen einen Trockenanzug mit Schwimmhilfe tragen.

Das Wenden

Die extremen Leichtbaukonstruktionen haben nur ein geringes Schwungmoment, um durch den Wind zu drehen. Daher wenden die meisten Strandkats mit Backhalten der Fock durch den Vorschoter. Nach der Wende wird das Vorsegel vor dem Großsegel dichtgeholt, damit der Kat nicht nochmals in den Wind geht.

Das Halsen

Da sich die Geschwindigkeit eines Kats mit Erreichen des Vorwindkurses drama-

tisch verringert, hat man auf dem breiten Trampolin reichlich Zeit und Ruhe, das Manöver zu fahren. Fällt die Fock ein, schiftet man mit einem beherzten Griff in die Großschot das Großsegel. Beim Überkommen des Baumes wird wie bei der Jollenhalse Stützruder gegeben, um das Drehmoment des Mastes aufzufangen.

Das Kentern

Häufige Kenterübungen gehören zu den Sicherheitsessentials des Katsegelns, da sich Kats viel schlechter aufrichten lassen als Jollen. In Flachwasserrevieren gehört in den Masttopp ein Auftriebskörper, der verhindert, daß der Kat durchkentert oder auf dem Kopf liegen bleibt. Moderne Konstruktionen haben einen wasserdichten

▶ Ein Strandkatamaran wird am Strand von Wangerooge ins Wasser gerollt.

Mast, dessen Hohlkörper als Auftriebskörper das Durchkentern verhindert.

Bleibt die Mastspitze nahe der Oberfläche, ist das Aufrichten nach einigen Trainingstagen mit Hilfe des Windes und des Körpergewichtes bald genauso eine Routineübung wie das Aufrichten einer »Kenterjolle«. Vor dem Aufrichten müssen beim Kat sämtliche Schoten gelöst werden, da der Kat sofort anspringt und wie der Blitz lossegelt.

Segelferien mit dem Strandkat

Viele Hotels bieten als Service Segelkurse auf Strandkatamaranen am eigenen Strand an. Meistens ist während der Segelsaison ein Segellehrer angestellt, der die Fertigkeiten durch einige Ausbildungsstunden verbessert oder perfektionieren kann. Bei Kenterungen ist ein schnelles Beobachtungsboot zur Stelle, so daß zur Not der Kat auch mit Maschinenkraft aufgerichtet werden kann. Wem die Mitnahme der Neopren-Anzüge zu umständlich ist, kann sich diese vor Ort ausleihen. Auch in südlichen Revieren kühlt der rasante Fahrtwind und das Spritzwasser den Körper derart aus, daß man sich mit Neopren-Schutzanzügen davor schützen muß.

Mitsegeln auf einer seetüchtigen Küstenyacht

In fast allen Hafenstädten bieten seriöse Charterunternehmen, Reedereien und gemeinnützige Vereine für Einsteiger kurzfristige und langfristige Mitsegel-Gelegenheiten an. Je nach Schiffsgröße treffen sich fünf bis zwanzig Mitsegler, um gemeinsam zur See zu fahren. In freier Natur sollen Körper und Geist auf dem

▶ *Aufmerksamkeit kann Leben retten: Sicherheitseinweisung durch den Skipper vor dem Auslaufen.*

Wasser angeregt und entspannt werden. Mit jedem Törn werden die seemännischen Fertigkeiten und Erfahrungen verbessert und vertieft. Man tastet sich dabei an die eigenen Leistungsgrenzen heran. Gleichzeitig bietet jeder Törn gute Gelegenheiten, sich selbst in einer Bordgemeinschaft mit ihren beengten Verhältnissen zu erleben. Bei vielen Törns bahnen sich innerhalb einer Crew neue und langlebige Freundschaften an.

Die Eigner von Yachten, mit denen Kojencharter-Fahrten durchgeführt werden, sind in der Regel nicht an Bord. Sie beauftragen eine Reederei oder eine Segelschule, mit der betreffenden Yacht Ausbildungsfahrten oder Gruppenfahrten durchzuführen. Der von der Reederei für den Törn eingestellte und von den Behörden lizensierte Schiffsführer ist allein dafür verantwortlich, daß Schiff und Crew die geltenden nationalen und internationalen seerechtlichen Auflagen erfüllen. Kapitäne und Skipper sind auf See Träger der alleinigen seemännischen und der staatlichen Autorität und Verantwortung. Ihren Anweisungen an Bord ist Folge zu leisten.

Rechtzeitig und ausgeruht anreisen

Der Schiffsführer hat den angekündigten Auslauftermin in der Regel durch die bestehenden Tiden- und Wetterverhältnisse und gemäß der zu segelnden Distanz zum Törnziel festgelegt. Auf verspätet eintreffende »Passagiere« wird er daher im allgemeinen nicht warten können.

Zum Einklarieren wird reichlich Zeit eingeplant. Seesack und Ausrüstung werden zum verabredeten Stegplatz geschleppt. Meistens kann man irgendwo einen Handkarren auftreiben, der den Transport erleichtert. Der Hafenmeister oder die Stegaufsicht sind meistens präsent und bei all diesen Dingen hilfreich. Das für die Anreise benutzte Auto wird auch bei Kurztörns sicher und hochwassergeschützt geparkt.

Begrüßung an Bord

Meist warten der Schiffsführer oder ein Mitglied der Stammcrew an Deck, um die Ankömmlinge herzlich zu begrüßen. Beim Segeln reden sich die Mitsegler mit Vornamen und mit »Du« an.

Ist niemand an Oberdeck, klopft der Gast vor Betreten des Schiffes am Rumpf an. Von neuen Gästen an Bord wird erwartet, daß sie den Schiffsführer bitten, an Bord kommen zu dürfen und erst nach ausdrücklicher Aufforderung das Schiff betreten. Der verantwortliche Schiffsführer möchte jedes neue Gesicht auf seinem Schiff mit eigenen Augen kennenlernen. Bis man zur Crew gehört, geht man mit diesen Gepflogenheiten an Bord eines Schiffes besonders aufmerksam um.

In die konkrete Auslaufsplanung wird jedes Crewmitglied sogleich eingebunden.

Der Skipper strahlt in der Regel so viel Ruhe, Ausgeglichenheit und Zuversicht aus, daß jeder Mitsegler Hektik, Streß und Selbstbezogenheit an Land zurücklassen kann. Es gilt: »Eine Hand fürs Schiff und eine für sich selbst!«

Der Skipper teilt allen Mitseglern den vorgesehenen genauen Auslaufzeitpunkt mit. Bis dahin muß die Seetüchtigkeit von Boot und Crew hergestellt und überprüft werden. Dazu werden alle Crewmitglieder eingespannt. Ein Schiff ist »klar zum Auslaufen«, wenn der Skipper alle reviergerechten und reviernotwendigen Sicherheitsvoraussetzungen überprüft hat und bis Erreichen des nächsten Hafens garantieren kann, daß alle Sicherheitsvorschriften eingehalten werden können. Andernfalls darf er nicht auslaufen.

Die persönliche Ausrüstung für Kurztörns

An Bord bleibt bis zum Auslaufen genügend Zeit, die persönlichen Sachen im zugewiesenen Schrank oder Fach zu verstauen und die zugeteilte Koje mit Bettlaken, Kopfkissen und Schlafsack herzurichten. Reisekoffer können auf einem Schiff nur schwerlich verstaut werden und bleiben zurück im Auto. Einsteiger bringen für die ersten Törns in der Regel zuviel an Kleidung und Ausrüstung mit. Eine Wochenendfahrt ist keine Nonstop-Weltumseglung. Für den Fall, daß Neptuns Seewasserduschen alle Kleidungs-

schichten durchnässen, kommt auch für Kurztörns eine zweite vollständige Garnitur in den Seesack. Ansonsten kleidet man sich möglichst mehrschichtig und leger. Es ist leichter, bei zu heißem Wetter einzelne Kleidungsstücke abzulegen, als bei zu kalter Witterung mit unzureichender und unvollständiger Kleidung auszukommen.

Bei jedem noch so kurzen Seetörn an der Küste kann sehr plötzlich der Wind auffrischen und naßkaltes Wetter einsetzen. Dann muß wärmende und wasserabweisende Zusatzbekleidung angelegt wer-

Übersicht

- Schlafsack, Bettlaken, Kopfkissenbezug, Kulturbeutel, Körperwäsche, Badeanzug
- Seesack, Bordschuhe, Pulli, Hose, Shorts, Ersatzkleidung
- Schwerwetter-Kleidung, Gummistiefel, Fleece-Unterwäsche, Seglerhandschuhe
- Mütze, Schal, 2 Handtücher
- Sonnencreme, Schirmmütze, Sonnenbrille mit Sicherungsbändsel
- Bordmesser, Ausweise in wasserdichten Hüllen
- eventuell automatische Rettungsweste mit Pyro-Notsignalgeber
- Reisepaß, ggf. Rückfahrkarten/Fahrausweise, Bargeld, Telefonkarten

den. Zu dieser Schlechtwettergarnitur (»Ölzeug«) gehören atmungsaktive Faserpelze und dichte Unterwäsche. Vor der ersten Seewasserdusche wird eine wasserabweisende Latzhose und eine Offshore-Jacke angezogen, denn schnell wird man an Bord von der Gischt durchnäßt und kühlt aus. Für den ersten Törn kann die recht teure Schwerwetter-Kleidung beim Vercharterer oder bei einem guten Freund ausgeliehen werden.

Die benötigten rutschfesten Seestiefel mit Feinprofil sind nicht zum Wandern gedacht und werden unbedingt ein bis zwei Nummern zu groß gekauft, damit sich der Fuß im Stiefel bewegen kann. Außerdem lassen sich mit einigen zusätzlichen Lagen Socken die Zehen auch im nachtkalten Cockpit warm halten. Jeder Schiffseigner bekommt einen mittelgroßen Wutanfall, wenn jemand mit profilierten und womöglich schwarzen Arbeitsstiefeln oder mit schweren Bergstiefeln das sorgsam gepflegte Deck verschrammt und mit schwarzen oder braunen Bremsspuren verschandelt. Viele Skipper dulden an Bord überhaupt keine an Land getragenen Schuhe. Diese werden dann in einem Netz oder einem Korb am Steg abgelegt, gesammelt und durch Decksschuhe ersetzt, die ausschließlich an Bord getragen werden.

Neben den üblichen Bordschuhen wird ein weiteres Paar leichter Turnschuhe mit an Bord genommen, denn die Schuhe können sehr schnell durch eine an Bord kommende See durchnäßt werden.

An Bord benötigt man zur Bedienung der Fallen und Schoten Spezialhandschuhe für Segler. Für andere Bordarbeiten sind preiswerte Arbeitshandschuhe aus den Baumärkten nützlich. Sonnenbrillen und Sonnenschutzcremes gehören genauso in den Seesack wie das Bordmesser, mit dem sich festsitzende Knoten und Schäkel lösen lassen. Manchmal kann eine Leine unter Last nicht mehr gelöst werden und muß mit dem Bordmesser schnellstens durchtrennt werden. Mit einer stoßunempfindlichen Taschenlampe lassen sich in den überfüllten Stauräumen auch kleine Dinge aufspüren.

Keine Angst vor der Seekrankheit

Die meisten Einsteiger und Mitsegler werden auch schon bei leichtem Seegang für ein paar Stunden seekrank. Der Mechanismus der Seekrankheit ist nicht vollständig geklärt. Offensichtlich führen die Schiffsbewegungen bei Seegang zu Störungen der Gleichgewichtsorgane im Mittelohr. Unangenehme Sinneseindrücke wie Diesel-, Toiletten- oder Küchengerüche reizen den Organismus verstärkt bei Seegang oder Kabbelwasser. Kälte, Feuchtigkeit und unbewußte Angstzustände nach Verschwinden der Landsicht lösen bei vielen Einsteigern und Mitseglern Unwohlsein, Schweißausbrüche, Müdigkeit und schließlich Erbrechen aus.

Davon bleiben auch Schiffsführung und Stammcrew nicht verschont.

Dem Seekranken sollten das Opfer an Neptun und seine Mattigkeit keinesfalls peinlich sein. Es ist völlig unangebracht, irgendwelche Schuldkomplexe zu hegen, wenn die Mitsegler nun zusätzlichen Dienst und Verpflichtungen übernehmen müssen. Zum »Übergeben« bittet man rechtzeitig um einen Eimer (Pütz). Beim leeseitigen »Hängen über der Reling« muß mit Sicherungsgurt und Sicherungsleine eine feste Verbindung zum Boot vorhanden sein. Gesunde Mitsegler und der Skipper halten ein Auge auf den Seekranken, solange er an Oberdeck ist. Durch die große körperliche Anstrengung beim Erbrechen kühlt die Person schnell aus und fängt an, heftig zu zittern. Unter Deck wirken eine warme Decke, ein heißes Getränk und ein paar beruhigende und mitfühlende Worte wie ein Wunder.

Zur Vorbeugung gegen Seekrankheit tritt man die Seereise in bester körperlicher und mentaler Verfassung an. Bereits am Vortag wird auf den Konsum von Alkohol, Nikotin, Kaffee und schwerem Essen verzichtet. Statt dessen empfehlen sich vor und während der Seereise leichte Speisen. In kleinen Mengen eingenommen, entsteht kein Völlegefühl. Der warme und dicke Seeparka und die frische Luft im Cockpit bewahren am besten vor Seekrankheit. Im Cockpit sitzend, fixiert man den Horizont oder läßt sich bei den ersten Anzeichen von Unwohlsein zum Rudergehen einteilen. Verschlimmert sich der Zustand, wird schnellstmöglich die Horizontale in der eigenen Koje aufgesucht. Der Eimer für alle Fälle bleibt dabei griffbereit.

Arzneien gegen Seekrankheit müssen Stunden vor dem Auslaufen eingenommen werden. Zäpfchen haben den Vorteil, daß sie den Magen umgehen; ihre Wirkstoffe werden effektiver absorbiert, und sie bleiben im Körper. Doch schon nach kurzer Zeit hat sich der Körper auch ohne Arzneien an Seegang und Schräglage gewöhnt, und es sind einem »Seebeine« gewachsen.

Seekrank – Tagebuch von Lisa Baumgart, Einsteigerin auf einer Blauwasseryacht, Januar 1999

»(...) Aber dann wird es doch ernst. Vorbei an Kap Hoorn segeln wir endlich in die Drake Passage hinein. Es ist ein langes Stück auf der Landkarte, wo nur noch Wasser ist – es ist mir reichlich mulmig zumute. Nachmittags richten Karin und ich ein paar Brote für die Crew her. Draußen stürmt es immer mehr, die Wellen gehen höher. Da ist es auch schon um mich geschehen, ich werde seekrank! Karin ist so elend, daß sie 3 Std. nicht vom Klo kommt, und ich kotze in meiner Not in den

Abfalleimer. Die vier Segelanfänger liegen flach, während draußen die Wellen über Bord schlagen und sich alle an Oberdeck mit Sicherungsgurten festgezurrt haben. Der Tag ist für uns gelaufen, nur nicht wieder aufstehen müssen. Jeder Schritt wird zur Qual. Durch die Gewalt des Sturmes werden wir von einer Wand zur anderen geschleudert (...)

Ich habe nun ganze 2 Tage und Nächte in meiner Koje unter Deck verbracht. 1000 Gedanken gingen mir durch den Kopf. Meine Koje empfand ich wegen der Enge wie einen dunklen Sarg. Besser so sterben, als alt und krank werden! Kann das Schiff kentern? Was ist, wenn es das Ruder verliert oder kieloben im Meer treibt? Wie können wir gerettet werden, wenn sich jemand verletzt oder über Bord gespült wird. Zusätzlich plagt mich das schlechte Gewissen: Ich lasse meine »Wache« bei Sturm, Regen und Kälte allein und bin noch nicht einmal in der Lage, Tee oder Kakao für die Wache zu kochen. Von Kochen und Putzen ganz zu schweigen!

Volker, Torsten, Günter und Karin sind fast immer oben an Deck.

Mir fehlt eine gute Sitzfläche, wo ich mich beim Anziehen hinsetzen könnte. Auf dem Klo habe ich es versucht, aber dort ist sofort alles naß von den Segel-Klamotten, die zum Abtropfen hängen.

Ich verstecke mich vor der Angst, die ich habe. Die TV-Bilder vom Hobart Race gehen mir durch den Kopf. Der Sturm läßt immer noch nicht nach. Waren wir einfach nur leichtsinnig, hier mitzufahren?

Am dritten Nachmittag verbringe ich bei herrlichem Sonnenschein wieder mehrere Stunden an Deck, nachdem ich einige Zwiebäcke gegessen habe. Der Wind hat nachgelassen, und nun ist es richtig schön in der Drake-Passage. Albatrosse begleiten unser Schiff, auch Delphine sind zu Besuch. Die Welt sieht wieder freundlich aus. Wir haben unseren Kurs Richtung Deception Island aus Sicherheitsgründen wegen eines erneut aufziehenden Sturmes geändert und halten direkt auf die Melchior Islands zu.

Nach einem Abendessen schlafe ich wieder richtig gut und tief, bevor ich von Jackie zum Landfall geweckt werde. Es ist an Oberdeck eiskalt und neblig, und das Meer ist kaum bewegt, alles ist grau in grau. Da liegt er – riesengroß, gigantisch, mein erster Eisberg. Von diesem Moment habe ich so lange geträumt. Mein Herz klopft. Wie, um alles perfekt zu machen, erwarten uns Pinguine und Robben.

Ein großer Tag in meinem Leben. Die Strapazen und Entbehrungen auf dem Schiff sind in der Erinnerung nur noch halb so schlimm angesichts dieser phantastischen Eindrücke (...)«

Früher haben die Seeleute die ersten Stunden nach dem Auslaufen oder bei Aufzug von Schlechtwetter Ingwer gekaut. Der berühmte deutsche Weltumsegler Kapitän Voss empfahl, gegen Seekrankheit auf nüchternen Magen ein Glas Meerwasser zu trinken. Andere vom Hausarzt empfohlene Arzneien werden nur in Absprache mit dem Schiffsführer eingenommen, da ihre Nebenwirkungen mitunter beträchtliche Auswirkungen auf das Reaktionsvermögen haben. Nur eine sehr geringe Zahl von Menschen wird ernsthaft und dauerhaft seekrank.

Der Proviant für Küstenfahrten

Bei den meisten Charterfirmen wird das Schiff auf Kurzreisen vor Eintreffen der Mitsegler proviantiert. Der Einkauf des bordgerechten, sinnvollen und für Crew und Törndauer ausreichenden Grundproviants sollte der Erfahrung der Stammcrew oder des Skippers überlassen bleiben. Während der Fahrt hängt eine Einkaufsliste für den nächsten Landgang aus. Jeder Mitsegler kann darauf seine Einkaufswünsche notieren. Bei fast allen

▶ *Rauhe Seeluft macht Appetit auf frisches Obst und Gemüse.*

Charterfahrten wird vom Skipper ein Crewmitglied bestimmt, das die Bordkasse verwaltet. Aus dieser gemeinsamen Bordkasse werden alle Ausgaben beglichen, die durch die Bordcrew für Extra-Proviant, gemeinsame Restaurantbesuche, Museumsbesuche und dergleichen zusätzlich entstehen. Der Skipper wird bei Landgängen von der Crew über diese Umlage freigehalten.

Alle Seeleute kompensieren die Lebenseinschränkungen auf See mit besonders wohlschmeckenden und herzhaften Gerichten. Obwohl die Kochmöglichkeiten an Bord eingeschränkt sind, entsteht mit Phantasie und guter Planung ein Speiseplan von hervorragenden Bordgerichten. An Bord schmeckt es oft besser als im Restaurant. Daher sollte auch auf Kurztörns die Proviantliste mindestens umfassen: Frischgemüse, Frischobst, Yoghurt, Speisequark, Käse, H-Milch, H-Sahne, Butter, Eier, doppeltgebackenes Brot, Kartoffeln, Mehl, Nudeln, Salz, Zucker und eine funktionierende Pfeffermühle mit reichlich Pfeffervorrat. Unmengen von Zwiebeln und Knoblauch halten seit vielen Jahrhunderten Bordcrews gesund und munter. Mit reviergeeigneten Angelgeräten und etwas Geschick läßt sich der Speiseplan mit Fisch bereichern.

Konserven und Dosengerichte werden an Bord von den meisten Mitseglern nicht geschätzt. Allenfalls werden wenige Erbsen-, Gulasch- und Linsensuppen sowie Früchtekonserven eingebunkert. Nirgends schmecken am Morgen die mit Käse in der Pfanne überbackenen dünnen Pfannkuchen so gut wie an Bord. Viele Crewmitglieder bringen ihre eigenen Specials zur Seereise mit: Selbsteingekochte Marmeladen, Honig aus eigener Herstellung, selbstgebackenes Brot, selbsteingewecktes Fleisch, Nußcremes oder diverse Pasteten sind auf vielen Törns die großen Hits! Für die Wachen im Cockpit wird regelmäßig schwarzer Tee, Kräutertee und Kaffee gekocht und in Thermoskannen nach draußen gereicht. Kekse und Schokolade fehlen auf keinem noch so kurzen Törn. Der Konsum von Zuckergetränken, Softdrinks und alkoholischen Getränken steigert den Wasserverbrauch enorm. Daher werden sie auch aus diesem Grunde von den meisten Skippern an Bord verbannt. Mineralwasser und Säfte kommen für die Küstenfahrt in Pfandflaschen an Bord.

Sicherheitseinweisung durch den Skipper

Der Skipper versammelt vor dem Auslaufen alle Mitsegler im Cockpit zur Sicherheitseinweisung. Eine gründliche Sicherheitseinweisung für eine Küstenfahrt dauert ein bis zwei Stunden. Jeder Mitsegler wird in die Bedienung und Handhabung aller Sicherheitssysteme an Bord eingewiesen. Jedem Crewmitglied wird vor dem Auslaufen die vorschriftsmäßige Handhabung der Rettungsweste, des Sicherungsgurtes und der Sicherungsleinen, der Rettungsinsel, der Signalraketen, der Gas- und Treibstoffanlagen, des Ankergeschirrs, der Kommunikationsanlagen im Seenotfall, der Feuerlöscher und Feuerlöschdecken, der Reffanlagen, des Medizinkoffers und der Lenzsysteme erklärt und erläutert. Die meisten Skipper protokollieren die Sicherheitseinweisung im Logbuch. Die Mitsegler bestätigen in diesem Schiffstagebuch mit ihrer Unterschrift die Kenntnisnahme sämtlicher Punkte der Sicherheitseinweisung.

Besondere Aufmerksamkeit erfahren die Borddurchlässe und die sie abdichtenden Seeventile. Bricht im Seegang ein Schlauch, müssen die zugehörigen Seeventile sofort lokalisiert und verschlossen werden. Nichtgängige Seeventile stellen ein Sicherheitsrisiko dar. Sind die Seeventile nicht wegen der allgegenwärtigen Elektrolyse untereinander verkabelt, sind sie sehr schnell festgegammelt. In diesem Fall wird der Skipper sehr viel Mühe dafür aufwenden müssen, die Ventile mit Kriechöl oder Diesel gängig zu machen. Ist das Seeventil abgerissen, wird im Notfall in den zugehörigen Borddurchlaß ein Leckpfropfen eingeschlagen.

Lang ist die Liste von Schiffstragödien, die ausschließlich aus Unkenntnis oder Unvermögen in der Handhabung der Sicherheitseinrichtungen resultierten. Gegen Eventualitäten auf See hilft neben der sorgfältigen Vorbereitung besonders die mentale Einstellung und die Bereitschaft, die Sicherheitsrichtlinien strikt zu beachten. Das ständige Tragen des Sicherungs-gurtes und der Sicherungsleinen an Oberdeck ist eine Lebensversicherung gegen das Überbordfallen bei unvorhersehbaren, plötzlichen Bewegungen des Schiffes oder bei unkontrolliertem Überkommen des Baumes.

Auf fahrenden Schiffen gilt bis zum Einlaufen Alkoholverbot, da durch Alkoholkonsum das Reaktionsvermögen und die Bewegungsmotorik in fataler Selbstüberschätzung falsch beurteilt wird.

Die meisten Skipper verpflichten ihre Mitsegler, stets das Bordklo und zwar im Sitzen zu benutzen. Viele »Platzhirsche« haben beim Urinieren über Bord den Halt an Oberdeck verloren und sind niemals wieder aufgetaucht.

Die Überprüfung der Rettungsweste

Ohnmachtssichere Automatikwesten sind auf Charterschiffen seit vielen Jahren Standard und werden jedem Mitsegler zur Verfügung gestellt. Es empfiehlt sich, beim ersten Anlegen und körpergerechten Anpassen der Rettungswesten auf die »Wartungsplakette« zu achten. Das nächste vorgeschriebene Wartungsdatum der Weste ist darauf kenntlich gemacht. Auf Charterschiffen werden die Westen einmal jährlich zur Wartung an den Hersteller eingereicht. Trotzdem sollte man bei der Sicherheitseinweisung seine Weste öffnen und die Gaspatrone herausschrauben. Die Patrone darf im

Schraubteil keine Einstichstelle des Schlagbolzens aufweisen. Die gefüllte volle Patrone wiegt recht schwer in der Hand. Die kleine wasserlösliche Linse, die den gespannten Schlagbolzen beklemmt, wird kontrolliert. Diese Linse ist hygroskopisch, verwittert in der Seeluft erstaunlich schnell und muß spätestens alle paar Monate gewechselt werden. Man sollte auch das Mundstück ausprobieren, mit dem die Weste durch die Lungenkraft notfalls auch aufgeblasen werden kann. Im Mundstück sitzt ein Ventil, über das man die Weste wieder »entlüften« kann.

In modernen Automatikwesten ist ein Sicherungsgurt integriert. Die zugehörige Sicherungsleine hat drei mit Karabinern versehene Enden. Damit kann man sich an festen Bordbeschlägen oder in die über Oberdeck laufenden Strecktaue (Sorgleinen) »Einpicken« und sich ständig gegen das Überbordgehen sichern.

Jede Weste an Bord ist mit einer Nummer gekennzeichnet. Dadurch ist jedem Mitsegler für die Törndauer eine Weste zugewiesen. Diese Weste wird bis zum Abmustern auf das individuelle Körpermaß stramm eingestellt, und sie wird nicht mehr aus der Hand gegeben. Bei Nichtbenutzung ist ihr fester Platz unter dem eigenen Kojenpolster oder im eigenen Stauraum. Im Notfall genügt ein Griff, um auch schlaftrunken die Weste anzulegen.

▶ *Bei der Überprüfung der automatischen Rettungswesten ist Sorgfalt angebracht.*

Die MOB-Übung für die Küstenfahrt

»Man over Bord«-Manöver gehören zu den Essentials der Sicherheitseinweisungen. Der Wendekreis und die Aufstoppstrecke für Segelboote sind u. a. abhängig von der jeweiligen Rumpfform, der Tonnage, der Windstärke und vom Wellengang. Jedes Crewmitglied wird eingewiesen, wie das MOB-Manöver auf diesem speziellen Schiff bei verschiedenen Wetterlagen zu fahren ist. Im wesentlichen geht es darum, Panik zu vermeiden und einen bestimmten Handlungsablauf in Gang zu setzen, wenn ein Crewmitglied außenbords geht.

Der Überbordgefallene muß möglicherweise bei Wellengang schnell und sicher geborgen werden. In einer Sicherheitsrolle »Mann über Bord«, die im Schiff aushängt, wird der Ablauf des Rettungsmanövers schrittweise erläutert. Derjenige, der den Unfall bemerkt, aktiviert durch den Ruf: »Mann über Bord« alle Mitsegler und gibt die am Heck befestigte Markierungsboje über Bord. Jeder an Bord erfüllt die ihm in der Notrolle zugewiesene Aufgabe: Es wird sofort ein Ausguck bestimmt, dessen einzige und wichtige Aufgabe darin besteht, die Person unter allen Umständen nicht aus der Sicht zu verlieren oder doch zumindest die an der Unfallstelle gesetzte Markierungsboje im Auge zu behalten. Dem Rudergänger und der Crew ruft (»preit«) er klar und deutlich die Peilungen und Abstände zu

der Markierungsboje aus (z. B. »Boje peilt in 90 Grad« – oder »auf 3 Uhr in 4 Bootslängen«).

Der Rudergänger versucht, mit seiner ganzen Konzentration das Schiff an der Unfallstelle aufzustoppen. Dazu fährt er ein »Quickstopp«-Notmanöver, indem er mit entsprechender Ruderlage das Schiff augenblicklich beidreht, wobei die Maschine zur Unterstützung der Manövrierfähigkeit gute Dienst leisten kann. Backstehende Segel killen nicht lärmend im Wind, das Boot liegt mit Krängung relativ stabil, und mit Maschinenunterstützung kann die Drift des Schiffes so korrigiert werden, daß es sich dem Überbordgefallenen von der Luvseite nähert.

Eine festinstallierte Badeleiter ermöglicht das Einsteigen bei mäßigem Seegang. Ist der Überbordgefallene so geschwächt, daß er sich nicht aktiv an der Rettung beteiligen kann, so wird er über den ausgehängten Flaschenzug der Großschot oder mit Hilfe von Fallen an Bord gewinscht. Dazu haben die Crews im Ernstfall meistens zur Erleichterung des Bergemanövers die Rettungsinsel oder ein halbaufgeblasenes Schlauchboot ins Wasser gelassen, um die Person im ersten Schritt von einem oder zwei Mitseglern aus dem Wasser ins Schlauchboot zu ziehen.

Vorrangiges Ziel ist es, in unmittelbarer Nähe der Unfallstelle zu bleiben. Hat man den Überbordgegangenen aus den Augen verloren, ist die Suche extrem schwierig und nur selten erfolgreich. Daher wird die Position der Unfallstelle mittels der MOB-Taste am Navigationsgerät festgehalten und gespeichert. In Küstennähe wird der Skipper bzw. sein Stellvertreter den Notfall durch einen Dringlichkeitsspruch (»Pan Pan«...) sofort an die Revierzentralen weitermelden. Der Text der Dringlichkeitsmeldung und die entsprechenden Funkkanäle der jeweiligen Revierzentralen sind am Funkgerät ausgehängt.

Das an Bord befindliche Rettungsgeschirr muß nicht nur für die eigene Crew vollständig und funktionstüchtig sein. Markierungsbojen, Rettungsringe mit langen, aufgerollten Sorgleinen, Signalmittel etc. können bei einem Seenotfall einer anderen Yacht dringend benötigt werden.

Einweisung in die Benutzung des Ankergeschirrs

Nord- und Ostsee sind Flachwasserbecken; Ankern ist hier an den meisten Stellen als Notmanöver möglich. Sollten

Aufgaben der Ankerwache

Standard:
- Regelmäßige Seitenpeilungen zu zwei oder drei festen Objekten.
- Ständiger Ausguck auf treibende Hindernisse oder auf Bootsannäherungen.
- Beobachtung des Echolotes und der Wassertiefe.
- Zwischen Sonnenuntergang und Sonnenaufgang Ankerlicht einschalten.
- Zwischen Sonnenaufgang und Sonnenuntergang Ankerball setzen.
- Bei Winddrehungen oder sonstigen vermeintlich unklaren Situationen Schiffsführung alarmieren.

Bei Nebel:
- Mindestens alle zwei Minuten 5 Sekunden lang die Schiffsglocke rasch läuten.
- Bei Annäherung anderer Fahrzeuge zusätzlich mit dem Signalhorn akustische Warnsignale geben (kurz/lang).
- In Gebieten mit Schiffsverkehr meldet der Skipper der Revierzentrale über UKW-Schiffsfunk die Schiffsposition.

Bei Ankermanövern werden Arbeitshandschuhe und festes Schuhwerk getragen. Beim Ankerauf-Manöver ist die Kette im Kettenkasten mit einem Holzstab in gleichmäßigen Törns zu stauen.

auf einem Segelboot in Küstenfahrt unklare oder schwer zu behebende Notsituationen aufkommen, können ein gut greifender Anker und ein ausreichend dimensioniertes Ankergeschirr Zeit und Rettung bringen. Daher sind bei der Küstenfahrt Kettenvorläufer und Ankertau stets am Anker angeschlagen. Der Anker hängt im Bugkorb und ist klar zum Fallen.

Jedes Crewmitglied wird vor Antritt der Reise in den sicheren Gebrauch des Ankergeschirrs und der Ankerwinsch eingewiesen. Zum Fallen müssen ein Sicherungssplint und die Ankerwinsch gelöst werden. Der Rudergänger wartet auf das Kommando: »Anker ist klar zum Fallen«, dann fährt er das Boot gegen den Wind und Strom, um es z. B. in 3 Meter tiefem Wasser aufzustoppen. Ist der endgültige Ankerplatz erreicht, und das Boot macht keine Fahrt mehr, ruft der Rudergänger: »Laß fallen Anker mit x-m-Kette.« Bei der

10-m-Kettenmarkierung wird die Winschbremse betätigt und das weitere Ausrauschen der Kette beendet. Mit leichter Rückwärtsfahrt wird die Kette in Wind- oder Stromrichtung ausgerichtet, und der Anker wird eingegraben. Legt man die Hand auf die sich straffende Kette, fühlt man, ob der Anker hält oder noch über den Boden schleift. Sobald der Anker eingegraben ist, wird nach Anweisung des Skippers noch mehr Kette als zusätzliche Sicherheit gesteckt. Das Boot wird nun durch den Anker, durch den Reibungswiderstand der Kettenglieder und durch ihr Gewicht in Position gehalten.

Die Finger sind bei größeren Winschen durch Arbeitshandschuhe vor Quetschungen zu schützen. Nur wer festes Schuhwerk trägt, kann an der Ankerwinsch arbeiten. Er achtet darauf, daß die Kette frei von allen Füßen und ohne Kinken ausrauschen kann. Alle 10 Meter weist eine Ankerkette eindeutige Markierun-

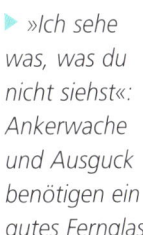

▶ *»Ich sehe was, was du nicht siehst«: Ankerwache und Ausguck benötigen ein gutes Fernglas.*

gen auf, so daß die vom Skipper gemäß der Wassertiefe berechnete Kettenlänge gesteckt werden kann.

Ankert man in einer ruhigen, lauschigen und ablandigen Bucht, so wird trotzdem und stets die Ankerwache besetzt. Die Ankerwache hat die Aufgabe, darauf zu achten, daß der Anker nicht »slippt«. Dieses wird durch regelmäßige Seitenpeilungen und durch Ablesen der Wassertiefen mit Hilfe des Echolotes kontrolliert. Ändern sich die Windrichtung, Windstärke und Stromrichtung, werden die Wachführer oder die Schiffsführung geweckt.

Nach Kentern der Tide und Änderung der Strömungsrichtung können Anker slippen. Außerdem schwoit das Boot im großen Kreis auf eine neue Position.

Ein weitere Aufgabe der Ankerwache besteht darin, daß sie treibende Hindernisse oder andere treibende Schiffskörper vom eigenen Schiff fernhalten muß. Bei Nebel muß alle zwei Minuten die Schiffsglocke fünf Sekunden lang rasch geläutet werden. Tagsüber setzt die Crew einen Ankerball, mit Sonnenuntergang wird ein weißes Rundumlicht als Ankerlicht eingeschaltet.

Einweisung in das Reffsystem

In Küstenfahrt rechnen Segler bei fast allen Witterungslagen mit unangekündigten Wetterumschwüngen, die mit harten Böen plötzlich über den Sommersegler herfallen. Dann werden die Segelflächen schnell verkleinert (gerefft). Dazu werden die Vorsegel durch kleinere Sturmsegel ausgetauscht. Auch das Großsegel wird schnell verkleinert (»gerefft«). Dieses Manöver sollte ebenso wie das Bergen und Auftuchen einige Mal von der ganzen Crew am Steg geübt werden. Ein guter Stand der Sturmsegel ermöglicht auch bei größeren Windstärken schnelle Reisen.

Die Seetüchtigkeit eines Bootes ist von den Fähigkeiten und Erfahrungen der Mitsegler abhängig. Weht es in einem Revier mit mehr als 6 Windstärken, ist die Seetüchigkeit und Sicherheit von Boot und Crew von der reviergerechten Erfahrung des Skippers und die seiner Crew im besonderen abhängig. Die meisten Reedereien stellen ihren Booten und dem Skipper eine erfahrene und seetüchtige Stammcrew zur Seite. Auch in diesem Fall wird der gute Skipper oder Kapitän

▶ *Das Reffmanöver klappt auf See bestens, wenn die Crew es vorher im Hafen geübt hat.*

seine Auslaufentscheidung nach der zu erwartenden, zumutbaren Belastbarkeit der Gäste richten und daher bei mehr als 6 Windstärken im Hafen bleiben.

Der Bullenstander

Segelt das Boot auf »Halbwindkursen« oder vor dem Wind, wird ein sogenannter Bullenstander gesetzt. Es handelt sich um eine schwere Talje, die vom achteren Ende des Baumes (»Baumnock«) zum Vorschiff reicht und verhindert, daß bei Steuerfehlern der Baum versehentlich und krachend die Bootsseite wechselt. Abgesehen davon, daß diese »Patenthalsen« schon viele Masten gefällt haben, besteht die große Gefahr für Crewmitglieder an Oberdeck, von der Urgewalt eines unkontrolliert überkommenden Baumes verletzt und über Bord geschleudert zu werden.

Der Maschinenstart

Auch wenn eine Stammcrew an Bord ist, werden alle Mitsegler oder Neueinsteiger mit den wichtigsten Bedienungselementen der Schiffsmaschine vertraut gemacht. Jedes Crewmitglied muß in der Lage sein, im Notfall die Maschine starten zu können. Dazu wird der Starterknopf der Maschine betätigt und der Hauptschalter der Starterbatterie geschaltet. Man bekommt sehr schnell ein Gefühl für das Ein- und Auskuppeln der Gänge. Einsteiger sollten darauf bestehen, daß sie mit Geduld und Nachsicht in alle Sicherheitssysteme an Bord auch bei Kurztrips eingewiesen werden. Dadurch gewinnt man am ehesten ein Vertrauen in die Seetüchtigkeit des Bootes.

Lage und Handhabung der Lenzpumpen

Jedem Crewmitglied wird die Lage und Handhabung der Lenzpumpen erläutert.

▶ *Funk- und Navigationsecke einer modernen Segelyacht.*

▶ *Seenotübung während eines Blauwassersserseminars.*

Dazu gehört die Information über den Aufbewahrungsort der Pumpenschwengel bei den mechanischen Pumpen und die Lage des Sicherungsschalters für elektrische Pumpen. Die Lage der Lenzstutzen zum Säubern der Ansaugsiebe und die Lage sämtlicher Seeventile wird erläutert. Bei Sturmfahrten werden die Seeventile verschlossen; dazu müssen sie leichtgängig sein und dicht schließen. Das effektivste Lenzsystem auf kleineren Yachten ist ein Gummieimer (»Schlagpütz«), der ca. 50–60 Liter in der Minute fördern kann.

Der Notruf über Sprechfunk

Größere Schiffe und Charteryachten verfügen über Funkgeräte. An den Geräten befinden sich Merktafeln, die das Auslösen eines Seenotfalls mit dem jeweiligen Gerät genau beschreiben.

Bei einer Seenot-/«Mayday«-Meldung mußten früher der Name des Schiffes, sein Rufzeichen und seine Position an alle Schiffe auf bestimmten Frequenzen durchgegeben werden. Heutzutage wird bei der neuen Gerätegeneration nur noch ein Alarmknopf gedrückt. Das Funkgerät meldet Position und die weiteren Daten des Schiffes automatisch an die entsprechenden Rettungs-Einsatzzentralen weiter.

Darüber hinaus ist noch eine satellitengesteuerte Seenotfunkboje (EPIRB) an Bord, die im Seenotfall automatisch aktiviert wird. Über einen Code werden Name und Position des Schiffes automatisch an die Einsatzzentralen gemeldet. In Küstennähe funktionieren auch konventionelle Handys. Seit 1999 werden Handys angeboten, die über Satelliten weltweite Telefon-, Fax- und Internetverbindungen herstellen.

Der Gebrauch von Seenotsignalmitteln

Jede seegehende Yacht führt eine vorgeschriebene Mindestmenge an pyrotechnischen Notsignalen an Bord. Der Auf-

▶ *Test einer 4-Personen-Rettungsinsel.*

bewahrungsort muß trocken und für die Hafenliegezeit verschließbar sein. Die Signalmittel können nur für ca. 2 Jahre benutzt werden, danach müssen sie an den Fachhandel oder Hersteller zurückgegeben und durch neue ausgetauscht werden.

Die Fallschirmraketen haben eine Leuchtdauer von ca. 1 Minute und kommen nur nachts zum wirkungsvollen Einsatz. Man schießt immer zwei Raketen kurz hintereinander und nur bei Sichtkontakt mit anderen Fahrzeugen ab. Daneben befinden sich noch ein Satz roter Handfackeln, Rauchtöpfe und Raketen mit weißem Stern an Bord. Gebrauch und Handhabung der Signalmittel werden durch den Skipper genauestens erläutert. Sind Kinder an Bord, werden diese hochgefährlichen Geräte besonders gut verschlossen aufbewahrt. Unsachgemäßer Gebrauch ist lebensgefährlich, da sie mit ca. 3000 Grad Celsius abbrennen und dabei enorme Mengen Sauerstoff verbrauchen.

Die Rettungsinsel für Küstenfahrten

Die Rettungsinsel darf nur vom Skipper und seinen bei der Sicherheitseinweisung ausdrücklich festgelegten Stellvertretern aktiviert werden.

Trotzdem muß jedes Crewmitglied in der Lage sein, die Insel ins Wasser zu bekommen und mit einem sehr festen Ruck an der Reißleine den Aufblasmechanismus zu aktivieren.

Auf Charterbooten wird sie jährlich gewartet. Der zugehörige Prüfungsbericht muß sich an Bord befinden. An Bord der Rettungsinsel befinden sich geringe Mengen Trinkwasser, Eßwaren, Signalmittel und Angelzeug. Nach schweren Kollisionen oder bei Brand ist ein Schiff mitunter nicht mehr unter Kontrolle zu bekommen und muß aufgegeben werden, bevor die Rettungsdienste an der Unglücksstelle eintreffen.

Die Checkliste zum Auslaufen

Checkliste für die Küstenfahrt

Rigg:
- Wanten und Stagen auf Brüche und Risse geprüft
- Wantenspanner, Terminals und Bolzen geprüft, Splinte und Sicherungsschrauben mit Tape fixiert

Segel:
- Bindereff des Großsegels mit Crew ausprobiert
- Sturmfock, Fock und Genua okay
- Dirk, Niederholer, Fallen, Ersatzfallen und Winschen okay

Motor:
- Getriebeöl, Motoröl, Dieseltreibstoff geprüft
- Funktion des Motorstopp-Knopfes geprüft
- Gänge rasten ein
- Kühlwasserkreislauf und Kühlwasserfilter okay
- Maschinenstart und -stopp wurde den Mitseglern demonstriert
- Stopfbuchse gefettet und auf Dichtigkeit geprüft

Ruderanlage:
- Steuerseile leichtgängig und ohne Kardelenbrüche bzw. Kinken
- Ruderkoker wasserdicht
- Notpinne vorhanden und funktionstüchtig

Ankergeschirr:
- Reviergerechter Anker (z. B. Bügelanker) am Bugbeschlag angeschlagen und gesichert
- 8-10-m-Kettenvorläufer und 50-m-Ankertau angeschlagen und im Ankerkasten verstaut
- Crew in Handhabung der Ankerwinsch eingewiesen
- Handhabung von Ankerball, Ankerlicht, Signalhorn und Glocke der Ankerwache erläutert

Rettungsgeschirr:
- Rettungswesten mit Pyro-Notsignalgeber, Sicherungsgurt, Sicherungsleinen, Markierungsboje mit Blitzlampe, Rettungskragen mit Schwimmleine an Bord
- Rettungsinsel gewartet, Heckkorbverschluß in Ordnung
- Erläuterung der Handhabung der roten (6) und weißen (2) Signalraketen, der roten Handfackeln (4) und der Rauchtöpfe (2).
- Sturmstreichhölzer an Bord
- Sicherheitsverwahrung im Hafen gewährleistet, vollständige Bordapotheke für Küstenfahrt an Bord
- 2 stoßunempfindliche Taschenlampen mit Ersatzbirnen und Ersatzbatterien an Bord
- 1 spezieller gut gestauter und sortierter Bordwerkzeugkoffer, Bootsmannstuhl an Bord

Verschlußzustand:
- Brückendeck, verriegelbare Niedergangsschotten und -luken, Schlagblenden in Ordnung
- selbstlenzendes Cockpit okay, Borddurchlässe überprüft, sämtliche Ventile sind gängig
- Leckpfropfen und Ersatzschlauchschellen in diversen Größen vorhanden
- jeweils 1 mechanische Lenzpumpe im Cockpit und in der Kajüte vorhanden
- Schlagpütz vorhanden, elektrische Bilgenpumpe okay
- Saugkörbe mit Crew kontrolliert

Brandschutz:
- Sicherheitseinweisung der Crew für die Benutzung der Gas- und Heizungsanlage
- 2 Feuerlöscher, 1 Feuerlöschdecke an Bord

Kommunikation:
- UKW-Sprechfunkgerät mit Rufzeichen erklärt und Bedienungseinweisung für Notmeldungen vorgenommen
- Mobilfunktelefon mit 12/24-Volt-Ladegerät, Schiffszertifikat, Flaggenzertifikat, Versicherungspolicen, Nationale, Vereinsstander und Pässe der Mitsegler an Bord
- der aktuelle amtliche Seewetterbericht wurde eingeholt und ins Logbuch übertragen

- aktualisierte und vollständige Seekarten, aktuelle Handbücher, Jahrbücher, Verzeichnisse, Gezeitentafeln, Logbuch, Fernglas, Peilkompaß an Bord

Versorgung:
- Trinkwasser und Proviant bis zum nächsten Hafen in ausreichender Bunkermenge an Bord
- Treibstofftanks gefüllt, Gasflaschen gefüllt
- Geschirr, Besteck, Brotbretter, Kochtöpfe gemäß der Crewgröße an Bord

Jeder Skipper entwirft für seinen spezifischen Bootstyp und für die vorgesehene Törnroute eine Checkliste (Vorsorgeliste), die vor dem Auslaufen kontrolliert wird. Tritt auf See ein Mangel (Wasser, Treibstoff, Proviant) oder das Fehlen von notwendigen und vorgeschriebenen Navigationsunterlagen (Seekarten, Handbücher, Leuchtfeuerverzeichnisse) etc. auf, kann die Rückkehr zum Starthafen wegen widriger Naturverhältnisse für viele Stunden blockiert sein.

Die Mitschrift oder Kopie des aktuellen amtlichen Seewetterberichts gehört ins Logbuch und begründet die Auslaufentscheidung. Nach der amtlichen Wind- und Wettervorhersage für das betreffende Seegebiet für die nächsten 12 Stunden und die zu erwartenden Aussichten für die nächsten 24 Stunden wählt der Schiffsführer endgültig Route und Zielhafen aus. Sind längere Seereisen geplant, wird auch ein mittelfristiger bzw. langfristiger Seewetterbericht herangezogen. Der Skipper erläutert seiner Crew die Konsequenzen aus dem Wetterbericht

hinsichtlich der zu erwartenden Revierbedingungen, der endgültig gewählten Törnroute und die voraussichtliche Ankunftszeit (»E.T.A«: estimated time of arrival) im Zielhafen. Bei längeren Törns nehmen die Hafenbehörde oder der Hafenmeister das Auslaufdatum, den anvisierten Zielhafen mit ETA ins Hafenprotokoll auf. In vielen Häfen verlangen die Behörden beim Einlaufen und beim Auslaufen eine vollständige Crewliste mit Vorlage der Pässe und Paßnummern. Der Skipper wird Crewmitglieder ohne gültigen Reisepaß nicht mit auf Seereise nehmen, wenn die Fahrt in internationale Gewässer führt.

Alle Mann an Deck!

An- und Ablegen sind sogenannte »All Hands-Manöver«. Jedes Crewmitglied hält sich an Oberdeck bereit, um mit Hand anzulegen. Der Skipper wird sein geplantes Ablegemanöver in Ruhe und ausführlich mit der Crew durchsprechen. Je nach

Windrichtung und Stärke wird der Skipper einzelne Manöverstationen besetzen. Die zugeteilte Manöverstation mag darin bestehen, zum Ablegen einen Fender zwischen Bordwand und Steg zu halten oder eine bestimmte Festmacherleine auf Zuruf einzuholen. Der Rudergänger und der Schiffsführer verlassen sich darauf, daß die zugewiesenen Manöverstationen unter allen Umständen besetzt bleiben und keinesfalls ohne Abmeldung verlassen werden. Meist wird der Rudergänger in die sogenannte Vorspring »eindampfen«. Hierbei können alle Leinen bis auf die Vorspring eingeholt werden. In diesem Fall werden »Fendermänner« auf dem Vorschiff darauf achten, daß der Schiffskörper nicht ohne Fenderpuffer gegen die Hafenmauer schlägt. Das Vorschiff liegt bald in den Fendern, und das Schiff ist achtern vom Steg weggekommen. Nun wird die Maschine zum Ablegen rückwärts laufen. Meistens wird dazu die Vorspring auf »Slip« gelegt, um ein knotenfreies Ende auf Befehl des Rudergängers (»Vorspring los«) einfach ausrauschen zu lassen. Dadurch wird niemand zum Lösen der Leinen an Land benötigt.

Jeder bemüht sich darum, seine Manöverstation gut aufzuräumen (»aufzuklaren«). Die Festmacherleinen werden in gleichmäßigen Kreisen (rechts herum) aufgeschossen und an ihrem bezeichneten Stauplatz griffbereit aufgehängt. Seeleute hängen feuchtes Tauwerk zum Trocknen auf. Ein Tauwerkwooling auf dem Boden leidet an der Feuchtigkeit, fängt an zu

▶ *Zum Anlegen hängen die Fender außenbords.*

modern und ist nicht mit einem Griff einsatzbereit. Alle Fender werden eingeholt und im Vor- oder Achterschiff oder in Backskisten verstaut. Bald wird der Skipper einen Teil der Crew und den Bootsmann auffordern, die Segel zum Setzen (»Vorheißen«) vorzubereiten.

Revierfahrt im Fahrwasser

Mit einem langen Achtungston aus dem Signalhorn des Schiffes wird der Vorhafen verlassen und entlang der Fahrwassertonnen zur hohen See gesteuert. Dabei ist der Rudergänger verpflichtet, das »Rechtsfahrgebot« auf den Seeschiffahrtsstraßen strikt einzuhalten. Entlang der roten Fahrwassertonnen entfernt sich die Segelyacht von der Küste. Ist eine ausreichende Wassertiefe außerhalb des Fahrwassers gemäß der Seekarten und der Gezeitentafeln vorhanden, verlassen kleinere Segelschiffe tunlichst das Fahrwasser, um der Berufsschiffahrt nicht in die Quere zu kommen. Nacheinander werden jetzt Großsegel und Vorsegel gesetzt. Auch dabei werden viele Hände benötigt. Der Ablauf des Manövers wird vom Bootsführer oder vom Bootsmann koordiniert.

Im Fahrwasser bekommt der Rudergänger die Anweisung, nach den Tonnen zu steuern. Es werden, außer bei unsichtigem Wetter, im Fahrwasser niemals Steuerkurse vorgegeben. Der Rudergänger könnte sonst mit starrem Blick auf den Kompaß sehr leicht eine Fahrwassertonne rammen.

Tonnen und anderer Schiffsverkehr müssen besonders in Tidenrevieren mit ständiger Aufmerksamkeit passiert werden. Der Blickkontakt zur Tonne sollte bis zum endgültigen Passieren niemals verloren gehen. Im Tidenstrom haben Tonnen eine magische Anziehungskraft auf Segelyachten. Der Skipper ist sofort zu benachrichtigen, falls sich unklare Situationen anbahnen.

Nach Kompaß und Peilobjekten steuern

Ist das Feuerschiff oder die Ansteuerungstonne eines Fahrwassers seewärts passiert, wird im tonnenfreien Seeraum nach Kompaß gesteuert. Der Einsteiger wird vom Skipper eingewiesen, trotz Schräglage und Seegang möglichst den zu steu-

ernden Kompaßkurs zu halten. Dabei wird nur in Abständen auf die Gradzahlen im Kompaß geschaut. Hauptsächlich peilt der Rudergänger ein Objekt am Horizont an, das in etwa auf der gewünschten Kurslinie liegt. Meistens peilt

▶ *Der Rudergänger blickt nach vorn und selten auf den Kompaß.*

man kurzfristig Wolken oder Sterne am Horizont an, auf die man eine Weile zu steuert. Ändert der Navigator den Kompaßkurs mit der Anweisung: z. B. »Neuer Kurs 140 Grad«, so wiederholt der Rudergänger diese Anweisung mit den Worten: »Neuer Kurs Eins-Vier-Null« und legt Ruder. Ist das Schiff auf dem neuen Kurs eingependelt, so bestätigt der Rudergänger dem Navigator: »Kurs: Eins-Vier-Null liegt an« den neu anliegenden Kurs.

Der erste Nachttörn

Für Einsteiger ist der erste Nachttörn ein besonderes Abenteuer. Wind- und Wellengeräusche, Seegang und Sichtigkeit werden ganz anders als bei Tageslicht aufgenommen. Nach Einbruch der Dunkelheit verliert das menschliche Auge seine Fähigkeit, Entfernungen und damit Relativgeschwindigkeiten verläßlich abzuschätzen. Auch kommt es zu perspektivischen Fehldeutungen. Ein grüner Lichtpunkt an der schwarzgrauen Kimmlinie läßt keine verläßliche Entfernungsschätzung zu. Daher sind bei Dunkelheit die Sicherheitsanforderungen für Rudergänger und Ausguck anspruchsvoller als am Tag. Unbeleuchtete Tonnen stellen außerdem gefährliche Schiffahrtshindernisse dar, falls an Bord kein Radargerät vorhanden ist. Vor Einsetzen der Dunkelheit werden daher die Segel so für die Nachtwachen gekürzt, daß möglichst in der

Nacht kein Segelmanöver mehr ansteht und das Schiff gute Fahrt macht.

Nach Einsetzen der Dunkelheit muß sich ständig jemand im Cockpit als Ausguck aufhalten. Dabei ist er grundsätzlich mit Sicherungsgurt und Sicherungsleine angeleint. Die zweite Person der Nachtwache muß sich nicht ständig im Cockpit aufhalten. Sind Navigationsarbeiten und Teekochen unter Deck erledigt, kann sich die zweite Person in Ölzeug auf Standby in eine kuschelige Ecke zurückziehen.

Eine Nachtfahrt und ein Sonnenaufgang gehören zu den besonderen Erlebnissen auf See. Reviererfahrene Skipper navigieren bei Dunkelheit sogar meist lieber, da durch viele weittragende Feuer und beleuchtete Seezeichen mit eindeutigen Kennungen verläßlich die Position durch Kreuzpeilungen bestimmt werden kann. Die Crew muß bei durchgehenden Nachttörns im fahrenden Schiff schlafen können. Die Kojen werden durch Leesegel oder auch Leebretter gegen ungewolltes Herausfallen gesichert. Die Freiwache muß unverkrampft und gut schlafen können. Gegen Ausfallerscheinungen durch Ermattung und Müdigkeit wird jedes Crewmitglied vom Skipper lange vor Einbruch der Dunkelheit einer Wachmannschaft zugeteilt. Wachzeiten und Wachaufgaben werden in einem kleinen Plan ausgehängt. Erfahrene Seebären und neugierige Einsteiger faßt der Skipper gerne in einer Wachmannschaft zusammen.

▶ Mit dem Jugendsegler Klaus Störtebeker weit draußen im Atlantik.

Der Smutje und seine Verantwortung

Bei längeren Törns wird jedes Crewmitglied regelmäßig zum Küchendienst (»Backschaft«) eingeteilt. Das heißt insbesondere, daß gemäß Wachplan die Crew auf ein warmes Hauptgericht zu einem festgesetzten Zeitpunkt wartet. Es gibt einige Standardgerichte, die sich auf allen Segelschiffen großer Beliebtheit erfreuen.

Ein wichtiges Gerät an Bord ist der Schnellkochtopf, der die Gerichte schnell gart und dabei Wasser und Energie spart. Pellkartoffeln lassen sich im Schnell-kochtopf mit drei Bechern Seewasser innerhalb von 5 Minuten weichkochen. Dazu gibt es Butter, Kräuterquark, Schnittlauch, ein paar Gewürzkräuter, Frischgemüse und Bockwürstchen. Besonders Bordkinder lieben dieses Gericht über alles.

Auch die Gemüsepasta für die obligatorischen Spaghetti wird schnellstens im Schnellkochtopf fertig. Der Parmesan bleibt im Stück lange haltbar und wird zu den Gerichten frisch gerieben. Suppen mit Brühwürfeln und Frischgemüsen im Schnellkochtopf zubereitet, sind eine einfache und wunderbare Delikatesse. Mit Käse überbackene Nudel- oder Kartoffel-

▶ *Beim Kochen ist die Feuerlöschdecke immer griffbereit.*

▶ *Bei schönem Wetter wird auf See meistens an Deck gegessen.*

aufläufe sind bei jeder Crew beliebt und gelingen auch absoluten Neulingen in der Bordküche.

Von der Backschaftswache wird pünktlich ein wohlschmeckendes und ausreichendes Mahl erwartet. Ein gutes, gemeinsam vorbereitetes Bordessen ist für jede Crew ein Highlight des Törns. Mitsegler, die von Versagerängsten bei dieser Herausforderung gequält werden, sollten an Land mit der Zubereitung von einigen Gerichten ihre bestimmt nur verschütteten, ungeahnten Fertigkeiten entdecken.

Das gehört ins Logbuch

Auf seegehenden Yachten muß der Skipper während der Fahrt und während der Liegezeiten ein Logbuch führen. In diesem Protokoll werden alle signifikanten Ereignisse und Beobachtungen der Schiffsführung dokumentiert. Es enthält die Namensliste der Mitsegler, wann und wo sie zugestiegen sind und das Protokoll der Sicherheitseinweisung. Gesteuerte Kurse, Segelstellungen, Motorendaten, die Positionen sowie außergewöhnliche Ereignisse werden bei Revier- und Küstenfahrt mindestens stündlich eingetragen. Für Mitsegler und Chartergäste gibt es die Möglichkeit, Funktionsstörungen und Mängelklagen im Schiffstagebuch zu protokollieren, damit die Schiffsführung in Absprache mit dem Reeder oder Eigner den möglichen Mißstand beheben kann.

Ein ordentlich und vollständig geführtes Logbuch ist bei allen seegerichtlichen Verfahren und Untersuchungen das wichtigste Beweismittel. Meuterei wird ebenfalls im Logbuch protokolliert. Diese ist übrigens nach wie vor strafbar.

Nach dem Einlaufen wird aufgeklart

Der Skipper wird zum Einlaufen beizeiten einige Mitsegler für das Anlegen und Festmachen auf bestimmte Manöverstationen einteilen. Manche Anlegemanöver sind ziemlich haarig, und ein guter Skipper wird sich Zeit nehmen, Wind, Abdrift und die spezifischen Eigenschaften des Bootes für einen gelungenen Anleger einzuschätzen. Es werden Vor- und Achterleinen zum Werfen gut aufgeschossen bereit gelegt und jeweils mit einem Ende an einer Klampe belegt. Viele Skipper belasten beim Anlegen als erstes ihre Vorspring, da sie durch Ruderlage und Maschinenfahrt das Schiff gegen den Wind an den Steg drücken und stabilisieren können. Die Fender werden an der gewünschten Schiffsseite in gleichmäßigen Abständen an der Reling eingehängt und ihre Länge nach den Erfordernissen des Anlegesteges angepaßt.

Nach dem Maschinenstopp wird das Boot aufgeklart. Die Landleinen werden mit einem Augspleiß oder einem Palstek an der Landklampe belegt, an Bord werden die überstehenden Leinenenden sauber aufgeschossen. Die Schoten werden verstaut oder zum Trocknen aufgehängt. Das Großsegel wird gleichmäßig und ordentlich aufgetucht und mit einer Baumpersenning vor Wetter und Sonne geschützt. Wie bei einer Jolle werden die Vorsegel entlang des Unterlieks in gleichmäßige parallele Bahnen aufgefaltet und im Segelsack verstaut. Ist alles aufgeklart, wird vom Skipper für den gelungenen Törn ein Anlegebier spendiert.

Manchmal wird bei der Anmeldung im Hafenamt dem Schiff ein anderer Liegeplatz zugeteilt; z. B. soll man an einer anderen Yacht festmachen. Auch wenn die Crew müde ist oder bereits das Abendessen auf der Back steht, ist den Anweisungen des Hafenmeisters Folge zu leisten.

Es gehört zum seemännischen Brauch, vor dem Festmachen an anderen Booten den jeweiligen Skipper um Erlaubnis zum Längsseitsgehen zu bitten. Nach dem Festmachen achtet die Crew darauf, niemals den Cockpitbereich der anderen Yacht beim Überqueren zu betreten.

Die Begleichung der Hafengebühren ist eine Bringeschuld. Auch wenn sich von den Hafenbehörden niemand blicken

▶ Nach dem
Einlaufen wird
aufgeklart.

läßt, hat der Skipper Sorge dafür zu tragen, daß die Liegegebühren in voller Höhe beglichen werden. Vom Hafenmeister erhält man die Schlüssel für die Duschräume und viele Tips zu den Veranstaltungen und Sehenswürdigkeiten rund um den Hafen.

Aufklaren nach dem Einlaufen

Fender:
- Fender ordentlich ausrichten, mindestens 1 Fender auf die freie Seite hinaushängen

Leinen:
- Vor- und Achterleine, Vor - und Achterspring mit Auge am Steg festmachen, die übrigen Leinenreste werden an Bord sauber aufgeschossen und in Nähe der Bordklampe gestaut. Mindestens jedes dritte Boot im Päckchen bringt Landleinen aus

Segel:
- Großsegel in parallelen Bahnen auf den Großbaum auftuchen, Baumpersenning anlegen
- Vorsegelschoten abschlagen, aufschießen und verstauen
- Vorsegel abschlagen und in parallelen Bahnen zum Unterliek zusammenfalten und im Segelsack verstauen. Feuchte Segel bleiben im Segelsack auf dem Vorschiff

Sonstige Arbeiten:
- Alle Fallen und Leinen sauber aufschießen und ordentlich aufhängen
- Ruderrad oder Pinne festsetzen
- Schmutz an Deck mit Meerwasser abspülen
- Müll entsorgen
- Logbuch abschließen und beim Hafenmeister die Belegung des Liegeplatzes anmelden
- Bei den Liegeplatznachbarn sich namentlich vorstellen
- Anlegebier ausgeben und Landgang erlauben

Auf Blauwasserfahrt

Das Meer wird normalerweise ca. 30 Seemeilen vor der Küste richtig tief, die Dünung wird lang, der Himmel wolkenlos und die Sonneneinstrahlung intensiv. Die hohe See nimmt eine tiefblaue Farbe an. Hier beginnt das Revier der Blauwassersegler.

Jahr für Jahr machen sich immer mehr Menschen zu buchstäblich neuen Ufern auf. Gestandene Manager, abenteuerlustige Lehrer und agile Pensionäre, die für eine Weile eine Auszeit von Beruf oder Familie genommen haben, suchen sich eine

▶ *Segeln auf der »Barfußroute« über den Atlantik.*

Ozeanpassage auf einem Blauwassersegler. Der Einsteiger und Mitsegler auf größeren Schiffen, die von einer professionellen Stammcrew geführt werden, muß noch kein Meister im Segeln sein. Die Stammbesatzung erklärt gewöhnlich in kleinen Schritten und mit großer Geduld, worauf es an Bord ankommt.

Zu bestimmten Jahreszeiten wehen in gewissen Meeresregionen mäßige, stetige und verläßliche Winde aus derselben Richtung. Skipper von Blauwasseryachten und Großseglern suchen genau diese Naturbedingungen für Ozeanüberquerungen. Draußen auf der hohen See sind die steilen, kurzen und grauen Wellen der tidenreichen Küstenreviere mit ihren ewigen Regenwolken und wechselnden Winden schnell vergessen.

Besonders beliebt ist eine Teilnahme an einem Törn auf der sogenannten Barfußroute in der Passatzone. Die Passate sind stetige, östliche Winde der Stärke 4–5. Sie garantieren schnelle Passagen in Schönwetterzonen. Man belegt eine Koje oder Kabine auf einer gut ausgerüsteten schnellen Blauwasseryacht. Eine erfahrene und lizensierte Stammcrew von 2 bis 6 Personen führt den Segler. Viele Mitsegel-Agenturen bieten Kojen auf großen Segelyachten und Großseglern an. Sowohl für Transatlantiketappen in der Passatzone als auch auf Reisen in hochsommerliche Polargebiete lassen sich gegen eine Unkostenbeteiligung Kojen auf überaus seetüchtigen Segelschiffen finden, die von hochseererfahrenen Stammcrews ausgezeichnet geführt werden. Die Gäste an Bord werden als Trainees in den Wachplan integriert und von der Stammcrew in der Praxis des Hochseesegelns angelernt.

In jedem Herbst fahren Hunderte von Yachten auf der Schönwetterroute von den Kanaren zu den Passatinseln in der Karibik. Weihnachten wird meist am Strand unter Palmen in Traumbuchten gefeiert, die oft nur mit einem Boot zu erreichen sind. Sogar der Weihnachtsmann kommt auf Wasserskiern zu den Ankerliegern in den Buchten. Im Frühjahr treffen sich Hunderte von Yachten auf den Bermudas in Hinblick auf ein günstiges Wetterfenster für die 14-tägige Passage zu den Azoren.

Die normale Transatlantikroute in den Passaten ist 2800–3000 sm lang. Man kalkuliert traditionell mit einer durchschnittlich zurückgelegten Tagesstrecke (»Etmal«) von 120 sm, so daß für die Atlantiküberquerung 24 Seetage einzuplanen sind. Die Etmale, der heute gebräuchlichen modernen 15–20 m großen Hochseeyachten sind wesentlich besser. Eine moderne 17-m-Blauwasseryacht benötigt durchschnittlich 15–20 Seetage bis zur Ankunft und zur Begrüßung mit dem obligatorischen Rumpunsch.

Jeder Mitsegler bei einer Blauwasserfahrt hat sich mental darauf einzustellen, daß Crew und Schiff weit ab von der Küste für längere Zeit vollständig auf sich selbst gestellt sind. Eventualitäten und Probleme müssen mit Bordmitteln ohne Außenhilfe gelöst werden. Viele Yachten und Segler schließen sich daher zu einer Flotille zusammen und organisieren eine gemeinsame Rallye oder Regatta. Abgesehen von dem damit verbundenen Spaß und der Spannung, die Schnelligkeit und Seemannschaft verschiedener Boote zu vergleichen, wird vieles durch die gemeinsame Organisation effektiver, sicherer und preiswerter. Auf modernen Hochseeyachten und Großseglern stehen darüber hinaus häufig jedem Mitsegler Satelliten-Telefon und -fax zur Verfügung, so daß die Verbindung zur Außenwelt auch auf See gewährleistet ist. Wind und Wellen hautnah für längere Zeit zu spüren, hat für viele Menschen einen hohen Erholungswert. Dieser wird gesteigert, wenn man als Mitsegler schnellstmöglich Vertrauen zur Autorität und Erfahrung der Schiffsführung und der Seetüchtigkeit des Schiffes gewinnt. Gut geführte Schiffe machen auch äußerlich einen ordentlichen Eindruck. Jeder Gegenstand hat seinen zugewiesenen festen Stauplatz an Bord. Unter Anleitung wird der Mitsegler auf See Verantwortung, z. B. als Rudergänger oder Ausguck, übernehmen. Wird man vom Wachführer zum Ausguck eingeteilt, so trägt man auch als Anfänger die Verantwortung für die Sicherheit der Crew. Gefahren und Hindernisse müssen möglichst früh entdeckt und an den Wachführer gemeldet werden.

Kochen bei Seegang – Erfahrungsbericht, Karin Lippok-Lohmer, 1999

»(...) Alle sind naß und durchgefroren. Jetzt muß heißer Tee her! Ich gehe unter Deck und mache für die Wache Tee. Volker trinkt ihn gern mit Zitrone, Günter mit Milch und Torsten trinkt ihn pur. Bernd steht im Salon und sieht meine Schwierigkeiten, mich in der Pantry festzuhalten. Selbst Teekochen wird zur Artistik. Wie ein Jongleur muß man mit Wasserkessel, Teetopf und Thermoskannen umgehen. Bernd holt einen Sicherheitsgurt und klinkt mich nach beiden Seiten in feste Beschläge ein. Jetzt kann ich mich mit vollem Gewicht in die Gurte hängen, wodurch die Hände trotz heftiger Schiffsbewegungen frei bleiben. Autsch! Beim Aufgießen des Tees habe ich mir heißes Wasser über die Hand gegossen. Bei dem Wellengang kann man nicht jede Bewegung des Schiffes vorhersehen. Dafür hängen also die derben Arbeitshandschuhe neben dem Herd. Teetopf, Thermoskanne und Milchpackung stelle ich nebeneinander in das Spülbecken. Jetzt kann keines von den dreien umfallen. Vor allem auf die Milch muß ich aufpassen, es ist unsere vorletzte Packung. Ich klinke mich aus, um Tassen und ein Messer für die Zitrone zu holen. Mit großer Vorsicht hantiert man mit Messern und spitzen Gegenständen, um sich nicht zu verletzten oder zu erstechen.

Geschafft: Tassen, Zitronenscheiben und Zucker stehen jetzt im zweiten Spülbecken. Nachdem der Tee lange genug gezogen hat, ziehe ich die Beutel aus den Kannen und drücke jeden einzelnen mit den Fingern gründlich aus. Jeder Tropfen insbesondere der heiße ist wichtig. Nur nichts verschwenden, das gibt sonst Gemecker. Die Tassen werden zu 3/4 gefüllt. Achtet man etwas auf den Rhythmus der Schiffsbewegungen, gelingt dieses ohne Verschütten. Nun kommt der schwierigste Part. Der kochendheiße Tee muß an Deck hoch gereicht werden. Mit einer Tasse in der Hand rufe ich von der zweiten Stufe der Niedergangstreppe gegen Sturm- und Wellenbrausen laut die Bestellung aus: »Tee mit Zitrone für den Mann am Rohr!« Vorsichtig nimmt mir eine behandschuhte Hand die Tasse ab und reicht sie an den Rudergänger weiter, der immer zuerst bedient wird. 45 Minuten sind vergangen, und ich habe nichts weiter getan, als einige Tassen Tee gekocht und angereicht. Bei Seegang geht eben alles ein wenig langsamer. (...)

Unsere gläsernen Trinkbecher sind ganz schmierig vom Meerwasser. Wir haben während der 2-tägigen Starkwindüberfahrt nur noch 6 Tassen stehen. Und die gebrauchen wir wechselweise. Verschiedene Personen teilen sich eine Tasse für verschieden Getränke oder Gerichte. Im Zitronentee schwimmt da schon mal ein Fettauge von der letzten Brühe, die die Nachtwache durchgewärmt hat. (...)«

Schiffe werden von verschiedenen Skippern gänzlich unterschiedlich geführt. Trotzdem erreichen sie alle wohlbehalten das gesteckte Ziel. Sich in Selbstdisziplin und Gelassenheit zu üben, sollte der Einsteiger und Mitsegler besonders an den ersten Tagen auf See versuchen. Man hüte sich vor jenen Mitseglern, die angeblich schon alle Stürme der Ozeane abgewettert und gemeistert haben. Wer wirklich einmal durch einen Sturm segeln mußte, weiß, daß weder Schiff noch Crew so etwas leicht überstehen. Stürme abzusegeln ist äußerst anstrengend, man durchlebt diverse Angstzustände, und meistens geht auch noch Material zu Bruch, oder es gibt sogar Verletzungen. Der gute Seemann verliert niemals Respekt und Ehrfurcht vor der See. Er wird mit höchster Aufmerksamkeit jede Möglichkeit wahrnehmen, sein Schiff nicht in einen Sturm hineinzusegeln. Durch moderne Kommunikationsanlagen an Bord, durch computergestützte Wettervorhersagen und durch Törnberatungen erfahrener Seewetterkundler sollte ihm dieses auch gelingen. Wer mit Heldengeschichten von abgerittenen Sturmfahrten prahlt, ist kein Seemann.

▶ *Nach 3000 Seemeilen und 17 See-tagen erfolgt endlich der Landfall in der Karibik (St. Lucia).*

Die Planung

Jeder Schiffsführer plant den Sprung über den großen Teich oder eine Weltumrundung mit bestimmten nautischen Unterlagen. Die wichtigsten Informationen über die Naturverhältnisse auf den Ozeanen liefern die sogenannten Monatskarten und die amtlichen Seehandbücher, die vom Bundesamt für Seeschiffahrt und Hydrographie (BSH) mit Sitz in Hamburg für alle Seegebiete herausgegeben werden. Vergleichbare Veröffentlichungen sind die Routing Charts der Britischen

Admiralität und die Pilot Charts der amerikanischen Defence Mapping Agency.

Aus der Bordbibliothek des Blauwasserseglers kann der Mitsegler die Standardwerke *Ocean Passages of the World* und *Sailing Directions* der Britischen Admiralität oder die »Bibel« aller Blauwasserfahrer, *Segelrouten der Weltmeere*, vom mehrfachen Weltumsegler Jimmy Cornell ausleihen. Man bekommt in diesen Standardwerken eine umfassende Beschreibung der Naturverhältnisse, der navigatorischen Gegebenheiten und der Besonderheiten und der Situation in den Häfen verständlich ver-

mittelt. Das Wissen vieler Generationen von Schiffsführern und Navigatoren ist hier gesammelt worden. Diese Werke werden ständig ergänzt und auf dem laufenden gehalten. Beim Kauf sollte unbedingt auf die Aktualität der Ausgabe geachtet werden. Zum Planen und Träumen ist ihre Lektüre für Einsteiger und Anfänger an Land und während der Reise spannend und lohnend.

Die Route vom Start- zum Zielhafen

Bei Überseereisen herrschen in verschiedenen Seegebieten gänzlich unterschiedliche Witterungs-, Wetter- und Strömungsverhältnisse vor. Schiffe, die ihre Törnroute zum Zielhafen schlecht gewählt haben, sind in Stürme geraten, vom Packeis eingeschlossen worden oder in großen Flau-tengebieten steckengeblieben. Zwischen Start- und Zielhafen wählt der Schiffsführer anhand der nautischen Unterlagen daher stets den vermeintlich sicheren Weg zur kürzesten Route, die auf einem sogenannten Großkreis liegt. Will man auf einer Kugeloberfläche die kürzeste Verbindung zwischen zwei Punkten abstecken, so spannt man zwischen diesen beiden Positionen einen Faden auf der Kugeloberfläche. Natürlich wollen die Skipper gern auf diesem »Fadengroßkreis« den Zielhafen erreichen. Liegen jedoch Untiefen, ungünstige Meeresströmungen, große Flautengebiete etc. auf dieser Großkreisroute, kann der kürzeste Weg unsicherer und langwieriger sein. Jeder Navigator nimmt daher aus sicherheitstaktischen Gründen sinnvolle Umwege in Kauf, um sein Schiff in guter und bequemer Fahrt zu halten, sein Material zu schonen und mit seinen Vorräten hauszuhalten.

Segelreise in die Antarktis – Erlebnisbericht von Torsten Ruppert

»(...) Vor fünf Tagen sind wir in Ushuaia, der südlichsten Stadt Argentiniens, ausgelaufen. 13 Menschen auf einem 20 Meter langen Schiff, das in den nächsten Wochen unser Zuhause sein wird. Acht mehr oder weniger erfahrene Segler und fünf Mutige, die vor diesem Törn noch nie in ihrem Leben ein Segelschiff betreten haben. Eine bunt zusammengewürfelte Truppe aus Schottland, Südafrika, der Schweiz und Deutschland. Bei unserem ersten Probeschlag nach Puerto Williams in Chile war noch alles gemütlich gewesen. Der enorme Wind kam von achtern. Doch kaum haben wir am nächsten Tag die Landabdeckung südlich Kap Hoorn passiert, lichten sich schlagartig die Reihen der Freiwilligen an Deck. Mit Stärke -9 Beaufort pfeift der

Wind im Rigg. Schoonersegel und Großsegel sind doppelt gerefft, trotz der Masse des schweren Schiffes machen wir gute Fahrt. Das Bremer Schiff rauscht mit 10 Knoten bei halbem Wind direkt nach Süden. Die zackigen Felsen von Kap Hoorn liegen im Westen. Wieviel habe ich darüber gelesen? Wieviele Schiffe sind an diesen Felsen gescheitert? Wieviele Menschen haben hier auf See ihr Leben lassen müssen? Ein erhabenes Gefühl, in dieser Region bei »richtig Wind« am Ruder stehen zu dürfen. Immer wieder weht mir der Wind Gischt ins Gesicht. Volker, der Skipper, und Bernd, der Bootsmann, sind mit an Deck, und beiden geht es ebenso wie mir: Wir sind tief berührt von der Geschichte und der Gegenwart dieses Ortes. Ich bin allein an Deck. Die Achterlieken des gerefften Großsegels schlagen unter der Gewalt des Windes. Das Boot überwindet eine 5 m hohe Welle, und bergab kommt es mir beinahe so vor, als würde die 40-Tonnen-Yacht ins Surfen kommen. Die Segel werden nur spärlich von den Positionslichtern angestrahlt. Meine einzigen Lichtquellen sind die Kompaßbeleuchtung und die rotschimmernde Nachtbeleuchtung aus dem Salon. Rings um uns wogt eine schäumende Südatlantikwelle. Ab und zu taucht aus dem Nichts gespenstergleich ein Albatros auf und sieht mir neugierig bei meiner Arbeit zu. Bei diesem Wind scheinen die majestätischen Vögel so richtig in ihrem Element zu sein. Elegant nutzen sie den Bodeneffekt und gleiten in Millimeterabstand über die Schaumkronen der Wellen. All dies sieht völlig mühelos aus. Nur bei Flaute steht ihnen die Frustration ins Gesicht geschrieben. Sie sitzen förmlich auf dem Wasser und hadern mit ihrem Schicksal. (...) Eineinhalb Tage später ist es geschafft. Um 4 Uhr morgens holt mich Bernd aus dem Bett mit dem Schrei: »Land in Sicht, äh Eisberge, äh...« Wir sind durch! Die Landschaft ist einfach atemberaubend schön. Von überall winden sich gigantische Gletscher von den bis zu 2800 m hohen Bergen herab. Das Schiff wird von Pinguinen begleitet, die auf ihren Fischzügen pfeilschnell durchs Wasser schießen. Was für ein Unterschied zu ihrer watschelnden Unbeholfenheit an Land. Auf einmal ein Schrei: »Wal – da bläst er!« Benno hat unseren ersten Wal entdeckt. Alle stürmen auf die Backbordseite, und Sandra manövriert das Schiff langsam in Richtung der riesigen Meeressäuger. Es sind drei Minkwale, und sie sind überhaupt nicht scheu. Im Gegenteil, es scheint, als ob sie genauso neugierig sind auf uns, wie wir auf sie. Sie schwimmen auf der Bugwelle und tollen ums Schiff. Einer springt halb aus dem Wasser und beäugt uns mit großen Augen. – Mittlerweile ist es spät geworden; bei mitternächtlichem Sonnenschein kommen wir wegen des starken Eisganges nur langsam zum Ankerplatz in Paradise Harbor voran. (...)«

Um einen Ozean schnell zu überqueren, planen viele Skipper von vornherein, eine im Wege liegende Flautenzone unter Maschine zu durchfahren. Die herbstliche Schwachwindzone um die Kanaren wird in zwei bis drei Tagen auf südlichem Kurs mit Maschine gequert, um auf kürzestem Weg den Nordostpassat zu erreichen. Hat man die sogenannten »Tradewinds« erreicht, geht es mit achterlichen Winden auf Westkurs. Yachten, die von den Kanaren direkt auf Westkurs gegangen sind, müssen für die Flauten im Zentrum des Azorenhochs enorme Treibstoffmengen bunkern.

Auf der Atlantiküberquerung von West nach Ost liegt ebenfalls die umfangreiche Flautenzone um die Azoren im Weg. Ehr-

▶ *Nur für etwa zwei Monate im Jahr ist die Antarktis für Segelboote befahrbar.*

geizige Regattasegler, die ihre Maschine nicht benutzen dürfen, weichen daher bei der West-Ost-Passage weit nach Norden aus. Selbst der Nebel, die Eisberge und eine relativ hohe Wahrscheinlichkeit für Starkwinde im Seegebiet vor Labrador werden eher in Kauf genommen, als ein Regattaschiff tagelang bei den Azoren einzuparken.

Moderne Fahrtenyachten führen für ihre genügsamen Schiffsdieselmotoren ausreichend Treibstoff an Bord, um mögliche Flautenlöcher sinnvoll und nach einem vorberechneten Plan mit Maschinenkraft zu überwinden. Überseereisen mit modernen großen Blauwasseryachten werden dadurch im Terminplan verläßlich.

Das Zeitfenster für Ozeanpassagen

Abgesehen von den bereits angedeuteten navigatorischen Hindernissen werden in der Regel auch jene Seegebiete gemieden, die mit hoher statistischer Wahrscheinlichkeit zur Passagezeit Gegenwind aufweisen. Gegen den Wind in Schräglage aufzukreuzen, belastet Schiff und Crew. Dem Ziel nähert man sich mühsam auf langen Kreuzschlägen, und die Seefestigkeit der Crew und die Seetüchtigkeit des Bootes werden auf harte Proben gestellt.

Wird trotzdem eine Ozeanpassage gewählt, bei der Gegenwinde vorherrschen, muß für das Erreichen des Zieles mindestens die vierfache Fahrtdauer eingeplant werden. Kommt gar Starkwind oder Schlimmeres von vorn auf die Nase, ist das Ziel gänzlich unerreichbar geworden. Der Begriff »Monsun« stammt von dem arabischen Wort »Mausin« ab und bezeichnet die »für die Seefahrt geeignete Jahreszeit«. Im Nordsommer segelten im Monsun seit Jahrtausenden Segelboote

von der Ostküste Nordafrikas nach Indien. Im Nordwinter ist die Handelsflotte mit dem Nordostpassat von Indien nach Afrika zurückgesegelt. Seitdem die Flotte von Vasco da Gama diese arabischen Segelanweisungen zu verstehen gelernt hatte und den jahreszeitlichen Richtungswechsel des Windes auszunützen verstand, ist aus dem arabischen »Mausin« das portugiesische Wort »Monsun« hervorgegangen. Die Monatskarten für Januar und für Juli stellen diese Naturverhältnisse der jahreszeitlich wechselnden Hauptwindrichtungen für diese Seegebiete vor Indien eindrucksvoll dar.

Die Monatskarte November der Seegebiete zwischen den Kanaren und der Karibik zeigt, daß der Nordostpassat mit hoher statistischer Wahrscheinlichkeit bis auf 20 Grad nördlicher Breite mit ca. 4–5 Windstärken weht und die Oberflächentemperatur der See in der Tradewindzone ca. 25 Grad Celsius und die der Luft ca. 26 Grad Celsius beträgt. Man hat mit einer Wahrscheinlichkeit von unter 1 Prozent mit tropischen Stürmen zu rechnen. Nach der Statistik ist also weniger als 1 Tag von 100 Novembertagen ein Sturmtag. Weiter nach Westen ist mit zunehmender Wahrscheinlichkeit mit kleinen und heftigen tropischen Gewitterböen zu rechnen.

Der Vormonat fällt für die beabsichtigte Passage wesentlich ungünstiger aus. Die Hurrikans treten statistisch häufiger auf, und die Tradewinds vor der afrikanischen Küste liegen weiter im Süden. Auch der Monat Dezember weist sehr günstige Segelbedingungen für Ost-West-Passagen in diesen Seegebieten auf. Mit tropischen Stürmen ist praktisch nicht mehr zu rechnen. Der Untergang der *Pamir* südwestlich der Azoren wurde ursächlich damit in Zusammenhang gebracht, daß der Großsegler zu einer unsicheren Jahreszeit in einen tropischen Sturm geriet. Nördlich des 30. Breitenkreises nimmt nach Westen die Wahrscheinlichkeit von großflächigen Flauten rapide zu. Daher ist eine Passage durch die Seegebiete westlich der Kanaren zu dieser Jahreszeit für Segelboote relativ unsicher.

Den Nordostpassat begleitet eine Meeresströmung von 0,5–1,5 Knoten bis in die Karibik. Ab Mitte November öffnet sich somit ein sehr günstiges Passagefenster, um bis zum Weihnachtsfest die Karibik zu erreichen.

Für jede seiner Etappen bestimmt der Blauwassersegler mit Hilfe der Klimadaten der Monatskarten das geeignete Zeitfenster. Während der Passage wird täglich der Seewetterbericht für die aktuelle Position eingeholt. Dabei wird der Verlauf und der Weg herannahender Tiefdruckgebiete einschließlich ihrer Frontensysteme sorgfältig aufgezeichnet und ihre Zuggeschwindigkeit bestimmt. Die Blauwasseryacht kann mit ihrer normalen Reisegeschwindigkeit unverhofft auftretende Schlechtwetterzonen weiträumig umfahren. Bei Hochseerallies wie der Atlantik Rallye für Fahrtenyachten oder beim Cutty Sark Tall Ships Race bekommen die

Skipper mindestens einmal täglich von beauftragten meteorologischen oder hydrologischen Instituten Seewetterberichte mit den Wetteraussichten für ihre Seegebiete. Bei diesen Instituten kann jede Yacht gegen sehr günstige Gebührensätze aktuelle Törnberatungen via Telefon, Fax oder E-Mail einholen. Für drei- bis viertägige Passagen in relativer Küstennähe, z. B. durch die Biscaya nach Vigo oder durch den Rosengarten nach Island, ist dieses besonders empfehlenswert.

Der persönliche Zeitrahmen

Auch wenn die meisten größeren Segelboote mit 15–20 Seetagen für die Passage von den Kanaren zu den Trauminseln in der Karibik auskommen, sollte man als Mitsegler noch einen gehörigen Zeitaufschlag zu den durchschnittlichen Passagezeiten einkalkulieren. Vor der eigentlichen Abfahrt der Yacht müssen mindestens drei Tage für Proviantierung, umfangreiche Sicherheitseinweisungen durch die Schiffsführung und fürs Ausklarieren eingeplant werden. In der Karibik oder am Zielhafen sollte man für Begrüßungsfeiern, Sightseeing und die Organisation des Rückfluges mindestens eine Woche Zeit haben. Für eine Einsteigertour in die Karibik sollte der Mitsegler also mindestens 4–5 Wochen Zeit mitbringen.

Ausstiege aus dem Beruf auf längere Zeit, um einen Segeltörn zu unternehmen, werden in Deutschland immer populärer oder vielleicht auch notwendiger. Mit einer langfristigen, sorgfältigen Vorbereitung und einem gut organisierten Wiedereinstieg in die Berufswelt werden Sabbatjahre machbar und auch von Verwandtschaft und Arbeitswelt akzeptiert. Man findet Ruhe und Gelassenheit, endlich einmal wieder für einen längeren Zeitraum Kraft, Ideen und Motivation für Beruf und Familie zu tanken. An der »Millennium Odyssee«, einer von Jimmy Cornell veranstalteten zweijährigen Weltumseglung in 38 Etappen haben auch junge Segeleinsteiger teilgenommen, die aktiv im Berufsleben stehen und sich für zwei Jahre beurlauben lassen konnten. Schulkinder begleiteten mit behördlicher Genehmigung ihre Eltern auf dieser Reise, zweifelsohne mit großem Gewinn für die Kinder, für die Familien wie auch für die Gesellschaft.

Die Mitsegelvereinbarung

Wer den Atlantik als Einsteiger oder Mitsegler überqueren will, wird sich genau überlegen, mit welchem Skipper und mit welchem Schiff er dieses Abenteuer erleben will. Das Mitsegeln über den großen Teich im Boot eines guten Freundes oder eines nahen Verwandten kann ebenso zum Fiasko führen wie die Buchung bei einer zweifelhaften Mitsegel-Agentur, die ihre Kunden in veralteten Schiffen mit unfähiger Stammcrew über den Atlantik schickt.

Alle Boote kommen irgendwie schon an. Es sind die abenteuerlichsten Boote schon über den Atlantik geschippert worden: Lindemann im Faltboot; Nehmer im Tretboot; Bombard im Gummiboot, ohne Ausrüstung und Frischwasser mit auf die Drift zu nehmen. Neuerdings finden Atlantikregatten für Ruderboote und Einhandregatten für Kleinstsegelboote über den Atlantik statt. Es bleibt eine individuelle Grundsatzentscheidung, welches seglerische Himmelreich man auf See zu finden wünscht. Die meisten Mitsegler suchen für Geist, Seele und Körper einen entspannenden, sicheren und schnellen Hochseesegeltörn mit hohem Erholungs- und Entspannungswert. Nur wenige suchen eine Passage, die als Survival-Training in einem ausgehöhlten Baumstamm auf der riesigen Wasserwüste eines Ozeans konzipiert ist.

Die Mitsegelvereinbarung für den Segeltörn

Ausgangshafen: .... Zielhafen: ....

Auslauftermin: .... Einlauftermin: ....

Name der Yacht: .... Baujahr der Yacht: ....

Dauerliegeplatz der Yacht: .... Länge: ....

Breite: .... Tiefgang: ....

Segelfläche: .... Anzahl der festen Kojen: ....

Registriernummer: .... Nummer des Flaggenzertifikats: ....

Eigner der Yacht

Name: .... Straße: ....

Wohnort: .... Tel/Fax: ....

Name der Kasko-/Haftpflichtversicherungs-Gesellschaft: ....

Nummer des Versicherungspolice: ....

Höhe des Selbstbehaltes der Kasko-Versicherung: ....

Gültigkeitsdauer der Versicherung: von .... bis ....

Gültigkeitsbereich der Versicherung für folgende Seegebiete: ....

Skipper für den Törn

Name: .... Straße: ....

Wohnort: .... Tel/Fax: ....

Alter des Skippers: .... Beruf des Skippers: ....

Befähigungs- und Erfahrungsnachweise des Skippers: ....

Wann wurde die Skipper-Haftpflicht-Versicherung abgeschlossen? ....

Name des Versicherers: ....

Wann und in welcher Höhe wurde eine Kautionsversicherung
abgeschlossen? ....

Namen, Adressen, Alter, Segelerfahrung und Tel.-Nr. sämtlicher Mitsegler des obigen Törns:

1) .... 3) ....

2) .... 4) .... usw.

Die Teilnahmegebühren am Törn betragen (in DM): ....

Diese müssen bis 6 Wochen vor Reisebeginn überwiesen worden sein an:

Geldinstitut: ....

BLZ: .... Konto-Nr.: ....

Die Kosten für Diesel, Proviant, Hafengebühren etc. werden je nach Bedarf zusätzlich durch eine gemeinsame Bordkasse beglichen, die jeder Mitsegler zu gleichen Anteilen während der Segelreise auffüllt.

Ausrüstungsgegenstände, Segel, Schoten und Fallen etc., die während des Törns durch den Normalbetrieb schadhaft werden, werden zu Lasten des Eigners (nicht) ersetzt. (Nicht Zutreffendes ist zu streichen).

Für Schäden, die durch schuldhaftes Verhalten der Crewmitglieder entstehen, haftet der Verursacher, falls die Skipper-Haftpflicht-Versicherung und die Kasko-Haftpflicht-Versicherung der Yacht die Schadensregulierung nicht abdecken.

Sondervereinbarungen: ....

....

Hiermit bestätigen die Unterzeichner, den Wortlaut der Mitsegelvereinbarung zur Kenntnis genommen zu haben und versichern die Richtigkeit ihrer Angaben.

Unterschriften mit Ort und Datum

a) Eigner: ....

b) Skipper: ....

c) Mitsegler: ....

Vor der Zusage der Teilnahme an einem längeren Hochseetörn sollte sich der Mitsegler eine klare, möglichst schriftliche und damit überprüfbare Vorstellung davon machen, welche mentalen, körperlichen und finanziellen Belastungen auf ihn zukommen. Minimale Lebensqualität ist auch auf Segelbooten ein höchst relativer Begriff. Luxussegelreisen auf der berühmten *Sea Cloud* können auch mit Kaminzimmer gebucht werden. Die Mithilfe bei den Wachen oder beim Segelsetzen unterbleibt auf diesen Schiffen aus versicherungstechnischen Gründen. Daher kommt diese Luxusreise für viele junge und aktive Mitsegler von vornherein nicht in Frage, auch wenn das geschulte Fachpersonal täglich erlesene Menüs serviert und man auf hoher See unter den großen Rahsegeln Sauna und Swimmingpool genießen kann. Diese Segelreisen sind stets viele Monate im voraus ausgebucht.

Segelt man im bescheideneren Stil bei Freunden oder Verwandten mit, so erwartet der Schiffseigner meistens einen bestimmten finanziellen Beitrag zu den Unterhaltungs- und Vorbereitungskosten der Ozeanüberquerung. Der Rahmen dafür sollte vorher klar in einer Mitsegelvereinbarung festgelegt werden. Referenzen über Boot und Stammcrew kann man leicht einholen. Mitsegelvereinbarungen, Mitseglerverträge, Schiffstyp und Anzahl der Bemannung kann man von einem Blauwasserprofi oder den Spezialabteilungen der Seglerverbände überprüfen lassen.

Nützliche Spezialversicherungen für Mitsegler

In den meisten Ländern sind sowohl Haftpflicht-, Teilkasko-, Betriebshaftpflicht und eine Unfallinsassenversicherung beim Betreiben von Segelbooten nicht gesetzlich vorgeschrieben. Auch sind die Deckungssummen vielfach für europäische Maßstäbe zu niedrig und die Versicherungsbedingungen lückenhaft.

Jeder Bootseigner schließt für den Betrieb seines Bootes eine spezielle Haftpflichtversicherung ab, bei der die Deckungssummen mit dem Versicherer ausgehandelt und schriftlich im Vertrag fixiert werden. Durch grob fahrlässiges Verhalten kann jedoch der Versicherungsschutz verloren gehen. Dazu gehört die Verursachung oder die Beteiligung an Unfällen unter Alkoholeinfluß oder die Verursachung von Unfallschäden durch Fahrzeugführer bzw. Skipper, die nicht über die vorgeschriebenen behördlichen Fahrerlaubnisse verfügen (Führerscheinklausel).

Für Jollen und Kleinstsegelboote mit geringem Wiederbeschaffungswert wird eine relativ preisgünstige Haftpflichtversicherung abgeschlossen. Ist jedoch der Wert eines Segelbootes und seiner Ausrüstung für den Eigner erheblich, ist der Abschluß einer Kaskoversicherung mit einer vereinbarten Selbstkostenbeteiligung ratsam.

Verursacht ein Mitsegler auf einem Segelboot schuldhaft einen Schaden, so wird er mit Haftungsansprüchen mindestens in Höhe der Selbstkostenbeteiligung der Kasko-Yachtversicherung konfrontiert werden. Vor einer Segelreise sollte mit der Privat-Haftpflichtversicherung schriftlich der Versicherungsschutz bei Haftungsansprüchen aus Skipper- oder Mitsegleraktivitäten fixiert werden. Da die Höhe der Selbstkostenbeteiligung entschieden die Prämiensätze der Kaskoversicherung festlegt, ist zu prüfen, ob die private Haftpflichtversicherung im Schadensfall für einen Selbstbehalt in Höhe von z.B. DM 10.000,– aufkommt.

Neben diesen seltenen Schadensfällen entstehen bei den meisten Hochseereisen im Normalbetrieb durch Abnutzung und Dauerbelastung Schäden und Bruch, deren Behebung schnell einige tausend Mark verschlingen kann. Während einer normal verlaufenden Passatreise verschleißen und brechen Schoten, Fallen, und Spieren. Oft fliegt der Spinnaker durch Fehlbedienung in Fetzen davon, und etliche Winschkurbeln werden durch Unachtsamkeit im Atlantik versenkt. Die Mitsegelvereinbarung sollte klar festlegen, wie derartige »Bagatellschäden« reguliert werden. In einem gerichtlich ausgetragenen Streitfall können solche schriftlichen Vereinbarungen oder Verträge von gewisser, wenn auch eingeschränkter Bedeutung sein.

Entsteht im Bordbetrieb ein Schaden, weil gegen elementare Regeln der Seemannschaft, der Unfallverhütung, des Brandschutzes oder gegen ausdrückliche Anweisungen von Eignern, Hafenbehör-

den etc. fahrlässig oder grob fahrlässig verstoßen wurde, so können sowohl der Skipper als auch die Mitsegler mit Haftungsansprüchen im In- und Ausland konfrontiert werden, deren Schadensregulierung in der Privat- und der Schiffshaftpflichtversicherung ausdrücklich ausgeschlossen sind.

Die Schadensregulierung kann eindeutiger durch die sogenannte Skipper-Haftpflichtversicherung geregelt werden. Durch diese Spezialversicherung sind nicht nur der Skipper, sondern auch alle seine Crew-Mitglieder gegen Haftungsansprüche Dritter versichert, die durch den Bordbetrieb durch Fahrlässigkeiten oder grobe Fahrlässigkeiten entstanden und nicht durch die »normalen« Haftpflichtversicherungen gedeckt sind. Viele seriöse Charterfirmen und Reedereien haben im eigenen Interesse für ihre Skipper diese Spezialversicherungen abgeschlossen.

Das Mitsegeln auf Vereinsschiffen erfordert die Mitgliedschaft im betreffenden Verein, um ausreichenden Versicherungsschutz während der Segelreise in Anspruch nehmen zu können. Segelt man aufgrund privater Vereinbarungen, sollte man zumindest bei längeren Segelreisen die Versicherungspolicen beim Eigner und beim Skipper einsehen. Die Versicherungsverträge sind an Bord aufzubewahren.

Da Segeln im versicherungstechnischen Sprachgebrauch zu den »gefahrengeneigten« Sportarten zählt, schließen viele Mitsegler eine zusätzliche, zeitlich begrenzte Unfallversicherung ab, die ihren persönlichen Erfordernissen Rechnung trägt. Blauwassersegler haben für ihren Auslandsaufenthalt mit ihrer Krankenversicherung die unterschiedlichsten Vorsorgemodelle vereinbart. Da mit einer Kreditkarte jederzeit ein Heimflugticket im Krankheitsfall erworben werden kann, schließen viele keine zusätzliche Kranken- und Rücktransportversicherung für den Auslandsaufenthalt ab. Andererseits lassen sich immer mehr Deutsche wegen der geringeren Kosten im Ausland therapieren und verzichten ganz auf eine Krankenversicherung.

Die Sicherheitshysterie der auf Dauerkonsum geeichten Kommunikationsgesellschaft macht auch nicht vor dem Hochseesegeln halt. Beim Segeln leisten jedoch die Mitsegler den höchsten Sicherheitsbeitrag durch Vorbeugung, Materialschonung und Einsatz des gesunden Menschenverstandes. Noch nie hat eine Versicherungspolice einen einzigen Seeunfall oder eine Rettungsinsel das Sinken einer einzigen Yacht verhindert. Keine Rettungsweste kann verhindern, daß ihr Träger über Bord geht. Gegen Fehlverhalten und Respektlosigkeit vor der See hilft keine Versicherung.

Wer kommt an Bord?

Seriöse Agenturen übermitteln mit der schriftlichen Bestätigung der Törnteilnahme auf Wunsch die Namen, Telefonnummern und Anschriften der anderen Mitsegler. Manche Crews treffen sich zum Kennenlernen vor Antritt der Reise und tauschen Törn- und Reiseinformationen aus. Vielfach wird eine Telefonkette organisiert. Wegen der herausragenden Bedeutung des Skippers für das Gelingen eines Törns wird er von einigen Mitseglern vor der Reise aufgesucht, um die »Wellenlängen« abzugleichen. Sind Kinder mit von der Partie, wird sich jeder Mitsegler auf deren spezielle Ansprüche einstellen. Am Flugplatz des Starthafens kann auch ein gemeinsames Taxi oder ein Mietauto vorbestellt werden. Ebenso kann man die Rückreise effektiver und meistens preiswerter gemeinsam organisieren.

Aus bitterer Erfahrung ist davon abzuraten, noch kurz vor Auslaufen freie Schiffskojen mit Yachttrampern aufzufüllen. Auf vielen Passagen haben diese unbekannten Leute kurz nach Auslaufen eine äußerst schlechte Stimmung und gereizte Atmosphäre an Bord verbreitet und ein Sicherheitsrisiko dargestellt. Auf der Ozeanpassage gibt es auch keinen Zwischenstopp, um sie wieder loszuwerden. Werden gar Drogen oder Waffen von ihnen geschmuggelt, droht im Einreisehafen großer Ärger.

In den Zielhäfen garantiert der Schiffsführer für alle im Logbuch geführten und eingereisten Mitsegler die Beachtung der Einreisebestimmungen gegenüber den Behörden. Der Skipper bürgt für alle Mitsegler, daß sie nach Ablauf des Einreisevisums wieder ausreisen können und werden. Mancher Skipper mußte nicht nur die Heimflugkosten für die Tramper tragen, sondern hatte auch Scherereien, weil der Tramper Drogen geschmuggelt hatte.

Die Reservierung geeigneter Gabelflüge zum Ausgangshafen und vom Zielhafen zurück nach Deutschland sollte schnellstens bei einem pfiffigen Reisebüro, das über Buchungserfahrungen im Internet verfügt, vorgenommen werden. Mit Vertragszeichnung und Anzahlung der Törn- und Fluggebühren schließen die meisten Segler bei Überseereisen eine Reiserücktrittskostenversicherung ab. Da Kojen für Überseereisen verständlicherweise nicht kurzfristig zu vermarkten sind, fallen gemäß den Mitsegelverträgen von Anfang an außergewöhnlich hohe Stornogebühren bei Reiserücktritt an.

Der Arztbesuch und die medizinische Versorgung an Bord

Der Mitsegler achtet darauf, gesund und fit an Bord zu kommen. Bei leichteren gesundheitlichen Störungen wird der Kranke in den meisten Fällen von den Selbstheilungskräften des Körpers und der Natur kuriert. Dies ist an Bord nicht anders. Wegen der gesunden Lebensweise an Bord kann man sich auf diese Heilmethode besonders gut verlassen. Die Erfahrung zeigt, daß bei vielen Mitseglern schon nach wenigen Seetagen Kopfschmerzen, Sodbrennen, Nervosität etc. verschwunden sind.

Kranke, auch Seekranke, beeinträchtigen die Seetüchtigkeit des Schiffes. Je kleiner die Crew, um so gravierender fällt der Ausfall einer Person ins Gewicht. Da viele Einhandsegler seit Jahrzehnten die Weltmeere erfolgreich überqueren, läßt sich gut beurteilen, wie selten ernsthafte Krankheitsfälle vorkommen. Vor jeder längeren Hochseereise läßt sich jeder Mitsegler vom Hausarzt gründlich untersuchen und den Gesundheitszustand bestätigen. Jeder Mitsegler hat die medizinische Vorsorge vor einem Hochseetörn besonders ernst zu nehmen. Gemeinsam mit Haus-, Fach,- und Zahnarzt kann man sich auf die Seereise so vorbereiten, daß man sich unterwegs in dieser Hinsicht nichts vorzuwerfen hat. Die Schiffsführung trägt bei Krankheitsfällen, wenn kein Arzt an Bord erreichbar ist, die alleinige Verantwortung für die medizinische Indikation und dafür, welche Maßnahmen aufgrund des Befundes bis zum Erreichen des nächstmöglichen Arztes zu treffen sind.

Die Skipper müssen sich darauf verlassen, daß der Mitsegler eines Hochseetörns körperlich und mental fit ist. Krankheiten und gesundheitliche Risiken wie Allergien, Bluthochdruck und Diabetes, die auf der Reise medizinischer Hilfe bedürfen könnten, sind der Schiffsführung vor Antritt der Reise anzuzeigen. Das gleiche gilt für die Einnahme bestimmter Medikamente, die das Reaktionsvermögen beeinflussen könnten.

Die Statistik zeigt, daß auf Hochseereisen mit Segelbooten, die heutzutage nur noch maximal drei bis vier Wochen bis zum Erreichen eines Hafens dauern, höchst selten schwerwiegende medizinische Probleme oder Komplikationen auftreten. Tritt der Fall trotzdem ein, wird über eine Landfunkstelle ein Medikogespräch mit einem Facharzt geführt, der alle weiteren Behandlungsschritte fernmündlich mit dem Skipper abstimmt.

Ein ausgekugelter Arm, eine gebrochene Rippe, ein klaffender Hautriß, eine herausgefallene Zahnfüllung u. ä. werden jedoch mit Bordmitteln vom Schiffsführer behelfsmäßig behandelt, auch wenn kein Arzt zur Verfügung steht. Deswegen sollte ein

Schiffsführer umfassend in den Grundprinzipien der medizinischen Erstversorgung an Bord ausgebildet sein. Doch die meisten Schiffsführer sind sehr dankbar dafür, wenn ihre Dienste diesbezüglich nicht in Anspruch genommen werden müssen.

Es sind starke Schmerzmittel und Antibiotika an Bord einer Hochseeyacht. Die Mitsegler sollten in jedem Fall von ihrem Hausarzt die Verträglichkeit gegenüber derartigen Präparaten klären lassen und den Skipper auf mögliche Probleme hinweisen. Wegen der mitgeführten Antibiotika und der schneller gewordenen Seereisen lassen sich auch Einhandsegler den Blinddarm nicht mehr prophylaktisch entfernen.

▶ *Vor der Blauwasserfahrt probt die Crew mit dem Skipper Segelwechsel und Reffen.*

Endlich an Bord

Zur Ozeanüberquerung in einem Segelboot kommt man einige Tage vor dem angesetzten Auslauftermin im Starthafen an Bord. Es bleibt auf den Booten während der letzten Tage einiges an Vorbereitung zu tun. Eine lange »Things to do«-Liste ist gewöhnlich abzuarbeiten. Der Skipper überprüft und wartet alle Sicherheitseinrichtungen an Bord: von den Lenzpumpen bis zu den Spannschrauben und den Terminals im Masttopp. Sein prüfendes Auge wandert von der Navigationsausrüstung bis zum letzten Feuerlöscher. Jeder Sicherungssplint muß mit Tape umwickelt, jeder Schäkel mit Draht

gesichert sein. Alle Segel werden an Land ausgebreitet und auf Festigkeit und Schäden überprüft und notfalls zur Verstärkung der Säume oder Kauschen beim örtlichen Segelmacher abgegeben. Die Frischwassertanks und deren Anschlüsse werden sorgfältig auf Undichtigkeiten überprüft, weshalb sich zeitweise die Bodenbretter an Oberdeck stapeln und für einige Tage ein ziemliches Durcheinander herrschen kann.

Mit Seifenlösung überprüft der Skipper die Dichtigkeit der Gasleitung. Die Speisekammern und Kühlboxen werden vollständig geleert und gründlich für die Neuproviantierung gereinigt. Eine/r von der Stammcrew ist meistens Quartiermei-

▶ *Beim Dichtholen der Schoten fassen alle an.*

ster und verteilt Kabinen, Kojen und Bettwäsche. Man erfährt den Zeitplan und
die Aufgabenverteilung für die letzten
zwei oder drei Tage an Land. Während
alle irgendwie mit der Auslaufvorberei-
tung beschäftigt sind, sollte niemand im
Wege stehen oder sitzen. Vielmehr lautet
die richtige Frage: »Wie kann ich mich
nützlich machen?«

Es trägt zur guten Bordstimmung von
Anfang an bei, wenn man immer einen
aufmerksamen Blick auf Crew und Mitsegler hat und stets bereit ist zu helfen
und Arbeiten zu übernehmen. Wird man
nicht zu einer Wartungs- oder Pflege-
arbeit eingeteilt, kann man sich beim
Provianteinkaufen nützlich machen, da
riesige Mengen bestellt und verstaut
werden müssen. Meistens bleibt dann
immer noch Zeit für einen gemeinsamen
Landgang.

Am Tag vor dem Auslaufen steht eine
gründliche Sicherheitseinweisung und
MOB-Praxisübung für die Crew an. Am
letzten Abend werden alle Wasser- und
Treibstofftanks bis zur Oberkante gefüllt.
Eine ordentliche Nachtruhe wird für alle
an Bord verordnet und mit den Hafenbehörden ein fester Termin zur Ausklarie-
rung für den nächsten Morgen verab-
redet. Dazu sammelt der Skipper schon
am Abend die Pässe aller Mitsegler ein
und füllt die Ausklarierungsformulare
mit den Daten aus den Pässen aus.
Die Pässe werden erst nach der Einklarie-
rung im Zielhafen wieder herausgegeben.

Die persönliche Ausrüstung

Gültiger Reisepaß, ggf. Einreisevisum,
Impfausweis mit Nachweis über die im
Zielland vorgeschriebenen Schutzimpfun-
gen, KFZ-Führerschein und das Rückflugticket des Gabelfluges werden als erstes
für die Reise auf Vordermann gebracht
und vor Reiseantritt jeweils zweimal foto-
kopiert. An anderer Stelle als die Orginal-
dokumente wird ein Satz der Fotokopien
mit auf die Reise genommen. Der andere
bleibt zu Hause auf Abruf bei einer Ver-
trauensperson.

Für Segeltörns auf der Barfußroute ist
eine leichte und luftige Kleidung angebracht. Nachts helfen ein wärmender
Pullover oder ein leichter Parka. Die mit-
genommenen Sonnenhüte und Schirmmützen fliegen bei den unpassendsten
Gelegenheiten über Bord, wenn sie nicht
durch ein Bändsel gesichert werden. Die
Sonne, deren Kraft auf See niemals unterschätzt werden darf, ist eine der größten
Gefahrenquellen auf den Schönwetter-
routen. Die Augen müssen mit einer guten
Sonnenbrille, die ebenfalls mit einem
Bändsel gesichert wird, geschützt werden. Blauwassersegler fahren mit Ersatz-
brillen zur See. Auf die entblößten Haut-
partien kommt Sonnenschutzcreme mit
höchstem Lichtschutzfaktor. Gegen Über-
hitzung des Körpers nimmt man viel
alkoholfreie Flüssigkeiten – am besten
warme und kalte Teegetränke – zu sich
und salzt die Kartoffeln oder Teigwaren
wegen des Salzverlustes etwas stärker.

Die persönliche Ausrüstung zum Blauwassersegeln

- Schlafsack, 2 Bettlaken, 2 Kopfkissenbezüge, Kulturbeutel, Körperwäsche, Badeanzug, Handtücher, Seesack, Pullis, weite Hosen, T-Shirts, Shorts, Ersatzkleidung
- Bordschuhe, Turnschuhe, Sandalen mit Hackenriemen, Segelhandschuhe
- Schwerwetterkleidung, Seestiefel, Fleece-Unterwäsche, Mütze, Schal
- Sonnencreme, Schirmmützen, 2 Sonnenbrillen mit Sicherungsbändsel
- Bordmesser, Taschenlampe, automatische Rettungsweste mit Sicherungsgurt und Sicherungsleinen, Pyro-Notsignalgeber, Nähzeug
- Reiseunterlagen mit Rückflugticket und Paß mit Visum im Original und als Kopie
- Impfpaß, Allergiepaß, Führerscheine, Krankenversicherungsschein
- ausreichende Medikamente, Adressbüchlein
- Taucherbrille mit Schnorchel, Fotoausrüstung im wasserdichten Behältnis
- im Zielland gültige Kreditkarten, Bargeld in US-Währung
- Mitsegelvereinbarung
- evtl. Wanderausrüstung für das Zielland

Der Schatten vom Sonnenverdeck auf dem Achterschiff ist ein gut geschützter Aufenthaltsplatz zum Lesen und Genießen.

In tropischen Gewässern bringen Regenschauer regelmäßig Abkühlung. Ein normales Ölzeug inklusive der Seestiefel sollte daher mit an Bord kommen. Auf der Barfußroute werden die kurzen Starkregenschauer in den Gewitterböen von einigen Mitseglern im Badezeug abgewettert. Jeder Starkregen gilt als willkommene Süßwasserdusche. Mit Wassersammlern und Trichtersegel füllt die Stammcrew die Frischwasserreserven nach. Auf den alten Rahseglern pflegte man die Speigatten zu verschließen, um das Oberdeck in einen richtigen Swimmingpool zu verwandeln.

An Schwachwindtagen wird über die Heckbadeleiter gebadet. Ein starkes, langes Tau mit einigen eingespleißten Fendern wird dazu achteraus gelassen. Wer dabei mit Delphinen und Schildkröten spielen will, muß Tauchermaske und Schnorchel dabei haben. Im Wasser wird als Sonnenschutz ein T-Shirt getragen. Brillenträger können über ihren Optiker Tauchmasken mit speziell für ihre Augen geschliffenen Gläsern bestellen. Für Ozeanbäder und Salzwasserduschen an Oberdeck mit der Schlagpütz besorgt man sich im Reformhaus ein spezielles Salzwassershampoo. Schon nach einigen Tagen gewöhnen sich Haut und Haare an die Salzwasserbäder. Das Salz fällt in der warmen und trockenen Mittagsluft der Passate schnell von der Haut ab. Sich die

Zähne mit Meerwasser zu putzen, ist effektiver als mit Frischwasser. Während eines tropischen Regenschauers lassen sich die Geschirrtücher gut reinigen. Bleiben die Regengüsse aus, hängt man die Schmutzwäsche an einer langen Wäscheleine für einige Stunden ins Kielwasser. Die Reinigungskraft dieser Waschmaschine ist verblüffend. Aus der getrockneten Wäsche kann man die Salzkristalle z. T. ausschlagen.

▶ *Im Passat ein spannendes Buch lesen, das ist Lebensqualität!*

An Bord sollte man auch auf der Barfußroute Schuhwerk tragen. Viele Schiffsführer bestehen sogar darauf, daß beim Segeln wegen der Verletzungsgefahr an Deck und unter Deck ständig Bordschuhe getragen werden. Dazu sind durchaus Sandalen geeignet, wenn sie dem Fuß Halt bieten und mit festem Hackenriemen getragen werden. Wem die normalen Bord- oder Turnschuhe in der Hitze zu feucht und zu unbequem sind, der muß gute Sandalen zur Reise mitzubringen.

Auch wenn bordeigene Bettwäsche vorhanden ist, sollte man ein oder zwei Bettlaken, einen leichten aufklappbaren Schlafsack und ein Kopfkissen mit passenden, leichten Bezügen mitführen. Es ist eine der wunderbaren Wohltaten auf einem Blauwassertörn, nach einer kalten Dusche durch den tropischen Starkregen in eine frisch bezogene Koje zu schlüpfen. Wer angeln möchte, läßt sich im Ausgangshafen für das betreffende Seegebiet von einem alten Hasen im Angelgeschäft einweisen. Hochseefische sind groß, schmackhaft und sehr leicht mit Schleppangeln zu fangen, wenn man es mit geeigneter Ausrüstung richtig anfängt.

Wer mit einer guten Foto- und Videoausrüstung die Segelreise ernsthaft dokumentieren will, bereitet sich meist mit einem Sachbuch vor. Die Ausrüstung wird mit Ersatzwäsche als Polster und mit Reis in einem wasserdichten Plastikfaß vom Baumarkt oder vom Schiffsausrüster gelagert. Polfilter und Skylightfilter sind auf dem Meer unerläßlich. Für Schwerwetterfahrten gibt es für die gängigen Kameramodelle wasserdichte Hüllen. Mit manchen kann man sogar bis in einige Meter Tiefe tauchen. Für die Tauchfahrten nehme man einige Spezialfilme mit. Die Filme werden in einem kleinen Plastikbeutel im Kühlschrank gelagert. Man kann sicherlich mit dem Skipper darüber verhandeln, ob die Yacht mit vollen Segeln unter Passatwolken am frühen Morgen oder Abend vom Beiboot aus photographiert werden kann. Jeder stolze Skipper hat einen unvorstellbaren Bedarf an guten Bildern von seinem Boot.

Im Zielhafen gibt man die belichteten Filme zur Entwicklung. Auch das dauert auf der ganzen Welt nur noch einige Stunden und ist eher preiswerter als zu Hause. Die Videofilmer an Bord sprechen sich meistens für einen Zusammenschnitt ihrer Bänder ab. Oft findet die Crew noch während des Törns dafür passende Titel und Musik. Großformatige Aufnahmen von Crewgesichtern oder der an Leinen und Segeln zerrenden Hände kommen immer gut zur Geltung.

Auf fast allen Yachten gibt es Kassettenrecorder und CD-Player. Jeder Mitsegler kann seine Lieblingskassetten oder -CDs mitbringen. Hin und wieder bereitet der Skipper bei ruhiger See sein Captain's Dinner zu. Da dürfen gute Musik und, mit etwas Wetterglück, eine gute Flasche Wein nicht fehlen.

Während der Reise kann jeder Mitsegler sein persönliches Schiffstagebuch schrei-

ben. Man besorgt sich beim Schiffsausrüster eines der vielen angebotenen Logbücher. Den darin vorgesehenen Platz für die Tages- und Wacheinträge kann man ebensogut mit persönlichen Eindrücken füllen. Leerseiten zwischen den Tagen lassen sich mit Zeichnungen, Fotos und Broschürenausrissen bereichern. Die Tagebücher entwickeln sich schnell zu den Erinnerungsschätzen eines jeden Törns.

In fast allen Ländern verleihen die Autovermieter Fahrzeuge gegen Vorlage einer gültigen internationalen Kreditkarte und des internationalen Führerscheines. Oft wird bei Seglern die Kreditkarte mit einer Kaution belastet, die nach Abgabe des unbeschädigten Fahrzeuges problemlos erstattet wird.

In allen Segelrevieren der Welt gibt es heute moderne Marinas mit bequemen Steganlagen. Stets sind ein freundlicher, hilfsbereiter Hafenmeister und die Beamten der Einwanderungsbehörde zur Stelle, um Crew und Boot aus Übersee willkommen zu heißen. Die fälligen Liege-, Bunker- und Einklarierungsgebühren sind inzwischen auf der Welt mehr oder weniger überall die gleichen und werden aus der Bordkasse bezahlt. Beim ersten Landgang leistet die Kreditkarte praktische und bequeme Dienste.

Der Tourismus ist für die meisten Küstenländer ein sehr bedeutender Wirtschaftsfaktor geworden. Dadurch stehen dem Segler direkt am Boot hochmoderne Infrastrukturen zur Verfügung. In fast allen Ländern wurden durch Kreditkarten das

Einkaufen von Proviant, das Bunkern von Diesel und Wasser und die Bezahlung von Gebühren und Dienstleistungen vereinheitlicht und simplifiziert. Der Segelabenteurer, der ohne Geld, aber dafür sympathisch, die Welt »für lau« umrunden möchte, ist fast ausgestorben. Wie in Deutschland, so wird in allen Ländern der Tourismus gefördert und streng darauf geachtet, daß kein Eingereister eine bezahlte Arbeitsstelle belegt. In den meisten Ländern muß jeder Einreisende dieses als Absichtserklärung schriftlich versichern und ein gültiges Flugticket für die Ausreise vorlegen.

Ein paar US-Dollars in bar oder in Form von Reiseschecks bedeuten in all jenen Ländern Vorteile, wo noch viel gehandelt wird. Der Greenback wird als sehr stabile Währung überall gerne genommen oder kann überall in die Landeswährung eingewechselt werden.

Der Proviant

Auf Überseepassagen muß mit dem Proviant und besonders dem Trinkwasser besonders sorgfältig umgegangen werden. Durch die Naturverhältnisse ist oft schon nach einigen Tagen der »point of no return« überschritten, wo man gegen starke Winde und Ströme zurückkehren müßte. Auf hoher See gibt es nun einmal keine Möglichkeit, Proviant, Treibstoff oder Gas für den Herd nachzubunkern.

▶ *Der Proviant sollte nach Plan und mit viel Geduld sorgfältig gestaut werden.*

Der Proviantschlüssel

Formel für die Bunkermenge: **Q x P x T**
(Q = Personenration, P = Anzahl der Personen an Bord, T = Anzahl der Seetage)

Essentielle Nahrungsmittel:

(Liter x Anzahl Personen x voraussichtl. Seetage + Reservetage)
Wasser: 5 l x 10 x (20+10) = 1500 Liter
H-Milch: 0,5 l x 10 x (20+10) = 150 Liter
Tafelwasser: 0,5 l x 10 x (20+10) = 150 Liter

Normale Nahrungsmittel:

(Tagesration x 10 x 20 = Tagesration x 200)

Kartoffeln: 0,2 kg x 200 = 40 kg
Nudeln: 0,05 kg x 200 = 10 kg
Reis: 0,02 kg x 200 = 4 kg
Mehl: 0,1 kg x 200 = 20 kg
Zucker: 0,05 kg x 200 = 10 kg
Salz: 0,01 kg x 200 = 2 kg
Margarine: 0,05 kg x 200 = 10 kg
Schwarzbrot: 0,02 kg x 200 = 4 kg
Knäckebrot: 0,01 kg x 200 = 2 kg
H-Sahne: 0,01 kg x 200 = 2 kg
H-Kräuterquark: 0,02 kg x 200 = 4 kg
Zwieback: 0,01 kg x 200 = 2 kg
Müsli: 0,05 kg x 200 = 15 kg

Käse: 0,05 kg x 200 = 10 kg
Wurst/Schinken: 0,03 kg x 200 = 6 kg
Zwiebeln: 0,03 kg x 200 = 6 kg
Knoblauch: 0,01 kg x 200 = 2 kg
Rosinen: 0,01kg x 200 = 2 kg
Schokolade:
0,05 kg x 200 = 100 Tafeln
Gemüsekonserven:
0,2 kg x 200 = 40 Dosen
Fruchtkonserven: 0,2 kg = 40 Dosen
Frischobst: 200 Früchte
Frischgemüse: 0,2 kg x 200 = 40 kg
Eier: 1 x 200 = 200 Eier

Sonstiges:

- Essig, Olivenöl, Pfeffer, Gewürze
- Brühwürfel, Hefe, Backpulver, Nüsse
- Trockenobst, Tomatenmark, Trockenpilze
- 3 Flaschen Einlaufsekt
- 3 Flaschen Wein (Captain's Dinner)
- große, derbe Müllsäcke
- Streichhölzer
- Spül- und Reinigungsmittel
- Toilettenreiniger

Die Proviantierung muß hinsichtlich der wichtigsten Lebensmittel für die gesamte Passage für alle Mitsegler einschließlich einer angemessenen Notproviantierung für Flautentage oder für unvorhersehbare Reparaturtage auf See bis zum Schluß ausreichen. Die meisten Schiffsführer addieren zu den vorausberechneten Seetagen noch einen Reservezuschlag von 1/2 bis 1/3 der kalkulierten Seetage als Sicherheitsmarge für Grundnahrungsmittel hinzu. Statt für die durchschnittliche und wahrscheinliche Passagezeit in die Karibik von 20 Seetagen legt man bei dem Proviantschlüssel für diese Lebensmittel 30 Seetage zugrunde. Es wird auch für den Fall vorgesorgt, daß der Frischwasservorrat oder Teile des Proviants in den warmen tropischen Gewässern verfaulen und durch Stromausfall die Entsalzungsanlage nicht funktioniert.

Das wichtigste Lebensmittel auf hoher See ist das Frisch- oder Trinkwasser. Daher müssen in tropischen Gewässern einige völlig unbedenkliche Additive gegen Veralgung und Fäulnis beim Auffüllen in die Tanks gegeben werden. Pro Person rechnet man mit einem Frischwasserverbrauch von 5 Litern pro Tag. Für die Fahrt von den Kanaren zu den Westindischen Inseln wird nach dem beschriebenen Proviantschlüssel mit einer 10 Mann starken Crew die Proviantmenge berechnet. Bei einer Wasserration von 5 Litern pro Tag und Person berechnet sich der Törnbedarf wie folgt: 5 Liter x 10 Personen x 30 Seetage = 1500 Liter Wasservorrat, der in

4 bis 5 möglichst völlig getrennten Speichertanks an Bord gelagert wird. Manche Schiffsbesatzungen kommen mit 2,5 Litern Wasser Tagesverbrauch pro Person aus. Das Überlebensminimum liegt bei 0,5 Liter pro Tag und Person. Da während der Reise Tanks leckschlagen können oder das Wasser trotz der Additive verfault, wird zusätzlich Tafelwasser in 5-Liter-Kanistern als Notreserve im Supermarkt eingekauft. Diese »eiserne Reserve« beträgt: 0,5 Liter x 10 Personen x 30 Tage = 150 Liter, die bis zum Einlaufen nicht angebrochen wird. Teetrinker, die mit dem Tankwasser ihre geschmacklichen Probleme haben, sollten zusätzliche versiegelte Wasserkanister für die Teebereitung gemäß ihrem wahrscheinlichen Verbrauch einlagern.

Auf den meisten größeren Yachten sind Entsalzungsanlagen an Bord. Sie machen Lärm, verbrauchen Strom und sind störanfällig. Sie sind aber praktisch, wenn Geschirrspüler und Waschmaschine während der Reise benutzt werden sollen. Außer Frischwasser bunkern Blauwassersegler Tagesrationen von 0,5 Liter pro Person H-Milch. H-Milch ist lange haltbar, eignet sich für die Zubereitung vieler Bordgerichte sowie zum Brot- und Kuchenbacken. Auf vielen Törns ist warmer Kakao das ultimative Wachgetränk. Legt man den üblichen Proviantschlüssel zugrunde, so ergeben sich bei einer Tagesration pro Person von 0,5 Litern insgesamt 150 1-Liter-Kartons, die zum Glück platzsparend stapelbar sind.

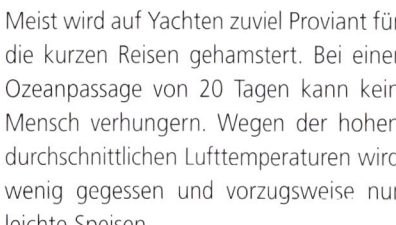

Meist wird auf Yachten zuviel Proviant für die kurzen Reisen gehamstert. Bei einer Ozeanpassage von 20 Tagen kann kein Mensch verhungern. Wegen der hohen durchschnittlichen Lufttemperaturen wird wenig gegessen und vorzugsweise nur leichte Speisen.

Leider verderben aber sehr viel Nahrungsmittel wegen der hohen Temperaturen auf der Reise. Doch da jedes Kilo Zusatzgewicht das Segelboot langsamer und träger macht, ist nicht zuletzt aus Sicherheitsgründen die Zuladung einer Yacht zu minimieren. Außer den essentiellen Nahrungsmitteln werden daher die normalen Lebensmittel nur für die Dauer der vorausberechneten Seetage eingelagert.

Die Liste des eingekauften Proviants dient als Grundlage des Stauplanes. Zwei Mitsegler verstauen nach Stauplan den Proviant. Frische Früchte, frisches Gemüse und frische Salate sollten so gelagert werden, daß sie täglich gut kontrolliert werden. Verbraucht wird das, was jeweils dringend weg muß. Fast noch unreife Frischsachen werden zum Schluß eingekauft und eingelagert.

Insbesondere in Kartoffeln, Zwiebeln, Karotten, Bananen und in allen Verpackungskartons werden Kakerlaken bzw. deren Eier eingelagert. Diese Tiere lieben Dunkelheit und Wärme und sind völlig ungefährlich. Allerdings treten sie an Bord plötzlich in Massen auf. Auch werden diese Tierchen in den Tropen bis zu 15 cm groß, und man sollte sie beizeiten mit vergifteter Milch bekämpfen. Da

sie über eine Art Noteierschleuder verfügen, dürfen sie nicht mit einer Fliegenklatsche erlegt werden.

Wachen und Freiwachen bestimmen die Bordroutine

Vor dem Auslaufen teilt der Skipper alle Mitsegler in Wachmannschaften mit jeweils einem Wachführer ein. Auf den meisten Schiffen wird der Wachplan mit den Wachaufgaben für den Törn ausgehängt. Es gibt auf verschiedenen Booten die unterschiedlichsten und flexibelsten Wachsysteme. Beim sogenannten »Vierwachsystem« geht jede Wachgruppe vier Stunden Wache, danach hat die Gruppe 8 Stunden Freiwache. Auch in der Freiwache kann man für »All-hands-Manöver«, wie Segelwechsel oder Reparaturarbeiten, herangezogen werden. Alle Notrollen sind grundsätzlich All-hands-Manöver. Auch beim An- und Ablegen und dem jeweiligen Aufklaren fassen alle Mitsegler an.

Auf kleinen Booten gibt es während des Tages oft kein starres Wachsystem; man löst sich beim Rudergehen und der Backschaft ab, je nachdem, wer gerade Lust hat oder nicht müde ist. Während der Nacht hat man dann für drei Stunden Wache. Auch gibt es Systeme für sehr erfahrene Mitsegler, bei denen die Wachengruppen immer neu zusammengestellt werden und rotieren. Auf diese Weise bilden sich keine festen Gruppen, und die sogenannte Hundewache von Mitternacht bis 4.00 Uhr wird mit wechselnden Leuten besetzt. Manche Skipper teilen Backschaftswachen ein, die die Zubereitung aller Mahlzeiten, das Geschirrspülen, die tägliche Toilettenreinigung und das Feudeln des Fußbodens für 24 Stunden übernehmen und aus dem restlichen Wachplan während dieser Zeit herausgenommen werden. Die Stammcrew wird das an Bord benutzte Wachsystem, die einzelnen Aufgaben der Wache und die Modalitäten der Wachablösung vor Beginn der Segelreisen allen Mitseglern ausführlich erläutern.

Wachsysteme

Einfaches 4-er-Wachsystem

Die Wache dauert 8 Glasen (8 Glockenschläge), 1 Glas dauert 30 Minuten.

Bei starren Wachsystemen bleibt die Besetzung der einzelnen Wachcrews ebenso wie die Wachperioden bis zum Einlaufen festgelegt. Am unbeliebtesten ist dabei die Hundewache. In dieser Zeit haben die meisten Menschen ein ausgesprochenens Leistungstief, und ihre Reizschwellen sind niedrig.

Wache I: 00.00 Uhr bis 04.00 Uhr und 12.00 Uhr bis 16.00 Uhr

Wache II: 04.00 Uhr bis 08.00 Uhr und 16.00 Uhr bis 20.00 Uhr

Wache III: 08.00 Uhr bis 12.00 Uhr und 20.00 Uhr bis 24.00 Uhr

2-er-Wachsystem

Wachcrew I und Wachcrew II wechseln sich zu folgenden Zeiten ab:

I: 08.00 bis 10.00 Uhr   II: 18.00 bis 20.00 Uhr
II: 10.00 bis 12.00 Uhr   I: 20.00 bis 24.00 Uhr
I: 12.00 bis 14.00 Uhr   II: 24.00 bis 04.00 Uhr
II: 14.00 bis 16.00 Uhr   I: 04.00 bis 08.00 Uhr
I: 16.00 bis 18.00 Uhr   II: 08.00 bis 10.00 Uhr usw.

Die jeweils stehende Wache bereitet die Mahlzeiten vor, die jeweils aufziehende Wache ist nach Wachwechsel für die Backschaft verantwortlich. Der Rudergänger wird spätestens nach einer Stunde abgelöst.

Zubereitung		Geschirr und Putzen
Frühstück:	07.30 Uhr	08.30 Uhr
Mittagessen:	11.30 Uhr	12.30 Uhr
Abendessen:	18.30 Uhr	19.30 Uhr

Die **modifizierte 4-er-Wache** mit einer Rotation führt eine zusätzliche Wachcrew ein, die jeweils für einen ganzen Tag die Backschaft und den Reinigungsdienst erledigt. Die Crew der Backschaftswache ist von allen anderen Wachaufgaben befreit, um sich auf die Zubereitung von Frühstück, Mittagessen und Abendbrot und auf das Reinemachen zu konzentrieren.

Modifiziertes 4-er Wachsystem mit Backschaftswache

(Wachcrew I, Wachcrew II, Wachcrew III und Wachcrew IV)

	1. Seetag	2. Seetag	3. Seetag	4. Seetag
Backschaft	I	II	III	IV
00 bis 04 Uhr	II	III	IV	I
04 bis 08 Uhr	III	IV	I	II
08 bis 12 Uhr	IV	I	II	III
12 bis 16 Uhr	II	III	IV	I
16 bis 20 Uhr	III	IV	I	II
20 bis 24 Uhr	IV	I	II	III

Bei diesem Wachsystem kommt jedes Crewmitglied in den Genuß der »Hunde-wache«, der »Sonnenaufgangs-«, der »Sonnenuntergangs-« und der Backschafts-wache.

Man kann das 4-er-System auch dadurch modifizieren, daß jeweils nach der Hundewache zwei oder drei Mitsegler am folgenden Tag die Backschaft übernehmen und nach diesem Tag einer anderen Wache zugeordnet werden.

Die Wachablösung findet auf großen Booten mit vielen Mitseglern im Cockpit statt. Dazu versammeln sich die alte und die neue Wache im Cockpit. Hat die neue Wache bzw. ihr Wachführer sich davon überzeugt, daß die alte Wache alle Pflichten erfüllt hat, so wird die Wache übernommen. Die neue Wache wünscht der alten Wache »gute Ruhe«, die alte Wache wünscht der neuen »gute Wache«.

Gute Wachsysteme sind unkompliziert, eindeutig und durchschaubar gerecht.

Auf gut geführten Schiffen wird dieses Ritual strikt eingehalten. Da stets eine Wache in greifbarer Verantwortung auch für solche profanen Dinge wie Abwaschen steht, erspart dieses System langweilige Drückebergerdiskussionen und mit Geschirr überquellende Spül-becken.

Für die Dokumentation der Schiffsposi-
tionen, der regelmäßigen Mitschrift der
Wetterentwicklungen sowie das Ab-
hören der Not- und Anruffrequenzen ist
ein Wachsystem unerläßlich. Informationen zur augenblicklichen Besegelung,
zum Kurs, zum Wind und zum Aufkommen von Schiffen werden von Wachführer zu Wachführer weitergereicht und im
Logbuch z. T. dokumentiert.

Schlechte Organisation und Fehlverhalten
werden durch Wachsysteme meist offen-
kundig und können abgestellt werden.
Der Skipper von Blauwasseryachten ist
vom Wachplan befreit, da er bei den meisten Entscheidungen bei allen Wachen
hinzugezogen werden muß.

Die Sicherheitseinweisung: Gefährlich sind die Alltags- unfälle

Der Privathaushalt zählt statistisch zu den
unfallträchtigsten Aufenthalts- oder Ar-
beitsorten. Unterschätzung bestehender
Gefahren und ungenügende Umsetzung
der Erkenntnisse aus Unfällen und fehlende Unfallvorbeugung werden als Ursachen
für diese negative Statistik angesehen.

In der Seefahrt ist dieses besser organisiert. Die Ergebnisse langjähriger Unfall-
forschung der Seeberufsgenossenschaft
und öffentlich gemachte Erkenntnisse
der Verhandlungen von Seeunfällen vor
den Seeämtern finden Niederschlag in
den Sicherheitsanweisungen vor dem

Auslaufen. Während man in der Küstenfahrt bei jeder Art von Unfällen durch das
UKW-Schiffstelefon und durch ein Handy
in Reichweite von möglichen Helfern und
Rettern bleibt, ist man auf der hohen See
auf eigene Bordmittel angewiesen. Hilfe
von außen ist fast immer unerreichbar.
Daher beschäftigen sich Blauwassersegler viel intensiver als Küstenschiffer mit
der Unfallstatistik und ziehen daraus ihre
Konsequenzen.

Beispielsweise haben sich schon viele
Seeleute an scharfen Kanten von Schotten und Luken schwerste Fingerverlet-
zungen zugezogen, weil sie einen Finger-
ring trugen und dieser sich unter dem
Körpergewicht an einem Schott verhakte.
Mit dieser Erkenntnis wird der Skipper
niemanden mit Ringen Decksarbeiten
ausführen lassen, falls auf seinem Schiff
scharfkantige Schotten oder Luken vorhanden sind. Kommt es im Unterlas-
sungsfalle zu einem Unfall, wird sich der
Skipper vor einem Gericht wegen der
Haftungsfrage verantworten müssen. Er-
eignet sich der Unfall fern von der Küste
muß der Skipper einen Schwerverletzten
verarzten, der extreme Schmerzen haben
wird.

Schiebeluk, Herd, abgesenkte Tischflügel
etc. werden bei Seegang mit Sicherungs-
riegeln oder Bolzen festgesetzt. An be-
weglichen und schwingenden Teilen
kann man sich leicht Quetschungen
zuziehen. Katapultiert der Seegang ein
ungesichertes Schiebeluk aus seinem
Garagenversteck heraus, kann das üble

Kopf- und Halsverletzungen verursachen. Wird bei schwerem Seegang gekocht, sollte man sich am Herd einkeilen oder mit den Sicherungsleinen sichern. Ölzeug und Arbeitshandschuhe schützen am besten vor Verbrennungen. Der Schnellkochtopf wird mit reichlich Seewasser in der Spüle solange abgekühlt, bis der Druck abgebaut ist.

Unfallträchtig insbesondere während der Nacht ist der leichtsinnige Umgang mit den Schot- und Fallwinschen. Die enorme Kraft und die Last von tragenden Schoten und Fallen werden leicht unterschätzt. Durch Fehlbedienung werden jedes Jahr einige Finger und Daumen von

Schoten an Winschen abgequetscht. Um die Winsch gehören immer mindestens drei Törns, bevor die Winschkurbel eingeflanscht wird und die Schot durch das Kurbeln unter Last gesetzt wird. Beim Fieren bremst man die Schot, indem man mit der flachen Hand alle drei Törns gegen die Winschtrommel drückt.

Ist während einer Küstenfahrt im Masttopp etwas unklar gekommen, sucht der Skipper meist für die Reparatur einen Hafen auf. Der Blauwassersegler muß auf der hohen See auch bei Schlechtwetter und bei Seegang nach oben in den Mast. Er wird sich mit Hilfe von zwei Fallen und von zwei Leuten in den Mast winschen

▶ *Eine Fallenwooling ist besonders nachts eine gefährliche Stolperfalle.*

lassen. Durch das zweite Fall und die zweite Winsch ist er gesichert, falls die erste Leine z. B. an einem zerbrochenen Umlenkblock bricht. Wenn Schoten oder Fallen unter hoher Last an Schwachstellen brechen, können die Seilenden lebensgefährlich ausschlagen. Werden unter Last stehende Vorsegelfallen unvorsichtig und ohne Winschbenutzung gelöst, kann das ausrauschende Fall schwere Hautverbrennungen auf der Handfläche verursachen.

Auf jedem Segelschiff gibt es Leinen und Beschläge, die unter großer Last stehen. Wer damit arbeitet, muß die Sicherheitsanweisungen beachten. Nichts darf unbedacht gelöst oder aufgeschraubt werden. Jeder Gegenstand und jedes Gerät hat an Bord einen zugewiesenen bestimmten Platz. Die Stauordnung wird auf jedem gut geführten Schiff aus Sicherheitsgründen ständig eingefordert. Braucht die Nachtwache zum Beispiel für einen Notfall den Halogenscheinwerfer oder die starke Bordtaschenlampe, so muß sich die Wache auch im Dunkeln darauf verlassen können, daß mit einem einzigen Griff das Benötigte funktionsbereit angetroffen wird.

Schiffe sind schon aus den banalsten Gründen zu Schaden gekommen, etwa, weil die Festmacherleinen nicht ordnungsgemäß gestaut waren. Schlecht gestaute Gegenstände können bei Schlechtwetter zu gefährlichen Geschossen werden. Im Seegang haben Batterien, Bodenbretter, Konservendosen etc. schwere Verletzungen verursacht. Machen sich Mehl, Reis und Nudeln bei Wassereinbruch auf die Seereise, verstopfen augenblicklich die Ansaugstutzen der Lenzpumpen. Daher gehören sämtliche Schüttgüter an Bord in wasserdicht verschließbare Plastikkanister. Jeder Mitsegler achtet jederzeit auf die gute Stauordnung an Bord. Man kann nicht mit ruhigem Gewissen an einem unklar gekommenen Fall vorbeilaufen.

Je nach Größe und Bauart des Schiffes werden bei der Sicherheitseinweisung alle wichtigen Bedienungseinrichtungen vorgeführt und erläutert: Die richtige und sichere Bedienung der Winschen, des Ankergeschirrs, der Reffeinrichtungen, sämtlicher MOB-Geräte, des Herdes, der Feuerlöschdecken und der Feuerlöscher, der Signalmittel, der Rettungsinsel, der Lenzpumpen, des Motors, der Generatoren, der Gasanlage und des Außenborders. Es werden bei der Sicherheitsanweisung klare Verhaltensweisen für die üblichen Notfälle vorgegeben und meist auch in der entsprechenden Notrolle schriftlich fixiert: In den Notrollen wird das Verhalten der Mitsegler standardisiert. Die wichtigsten Notrollen sind: »Feuer im Schiff«, »Wassereinbruch«, »Besteigen der Rettungsinsel«, »Mann über Bord«, »Sturmfahrt«, »Ruderbruch« und »Mastbruch«.

Auch wenn der Ernstfall einer Notrolle für kaum einen Segler jemals eintritt, muß jeder Mitsegler eines Hochseetörns darin unterwiesen werden. Die Praxis zeigt, daß die meisten Seenotfälle auf

Fehlverhalten, Unkenntnis, Panik und Leichtsinn der Crew zurückzuführen sind. Da das Überbordfallen mit Abstand die Unfallstatistik anführt, wird auf Hochseeyachten, während der gesamten Reise an Oberdeck, grundsätzlich immer von jedem Mitsegler ein Sicherungsgurt mit Sicherungsleine getragen und verwendet. Die Rettungswesten sind demgegenüber völlig zweitrangig. Mit der Sicherungsleine und ihren Karabinern ist man an Deck in solide Decksbeschläge, Heißaugen oder Strecktaue eingepickt. Man ist gesichert, falls das Boot unvorhersehbar und unkontrolliert rollt oder überholt. Relingsdrähte, Wanten oder Stage sind nicht zum Einpicken geeignet. Rettungswesten ohne Gurt und Sicherungsleine gaukeln eine trügerische Sicherheit vor. Wer im Passat unter Spinnaker bei einer Geschwindigkeit von 10 Knoten außenbords geht, ist auch mit einer hochgerüsteten Rettungsweste in Lebensgefahr. Oft wird der Unfall von der restlichen Crew gar nicht wahrgenommen.

Mann-über-Bord-Manöver für Hochseetörns

Fällt jemand in Küstennähe über Bord, kann man mit einer Dringlichkeitsmeldung (»Pan, Pan«) über das Schiffstelefon Helfer und Retter zur Position der Unfallstelle rufen. Auf hoher See stehen der Crew nur ihre eigenen Fähigkeiten und die eigenen Bordmittel zur Verfügung.

Liegt die Wassertemperatur unter 10 Grad Celsius, führt die schnelle Auskühlung im Wasser dazu, daß der Überbordgefallene schon nach wenigen Minuten das Bewußtsein verliert, sich nicht aktiv an der Rettungsaktion beteiligen kann und sicherlich ohne Rettungsweste verloren ist. Zu den MOB-Übungen und Bergeübungen auf der hohen See gehören

▶ *Auch bei ruhiger See ist der Rudergänger angelascht.*

auch Strategien, wie der Überbordgefallene aus dem Wasser an Bord gehievt werden kann. Findet der Unfall gar auch noch bei Schwerwetter statt, wird die Rettung nur gelingen, wenn die Crew die MOB-Notrolle mit dem betreffenden Schiff gründlich geübt und besprochen hat.

Die Nordsee-Segelschulen haben über viele Jahre bei der Hochsee-Insel Helgoland während der Herbst- und Frühjahrsstürme umfangreiche Praxisübungen zu dieser Notrolle durchgeführt. Verschiedene Bergemanöver wurden bei unterschiedlichsten Wetterlagen getestet. Die meisten Skipper und Mitsegler, die an

MOB-Manöver auf Hochseeyachten

1. Schritt:
Der erste Beobachter des MOB-Falles (Person X) löst MOB-Alarm aus
a) »Mann-über-Bord«-Alarmruf
b) Signalhorn (lang-kurz-lang) oder Glocke (rasches Läuten)

2. Schritt:
Person X wirft Markierungsboje über Bord
Person X besetzt Ausguck und preit Peilungen und Distanzen zum Überbordgefallenen oder zur Markierungsboje aus
Rudergänger dreht mit harter Ruderlage bei und startet die Hauptmaschine
Rudergänger aktiviert an GPS-Tochter den MOB-Alarm

3. Schritt:
Personen Y und Z bergen nach Anweisung des Rudergängers die Segel und aktivieren evtl. nach Anweisung des Skippers die Rettungsinsel oder das Schlauchboot.

4. Schritt:
Die im Wasser befindliche Person wird mit backstehenden Vorsegeln in Lee gefischt

Unter Spinnaker wird auf Anweisung des Rudergängers zuerst die Luvschot bzw. der Achterholer gekappt, dann die Leeschot und dann das Fall. Der folgende Aufschießer zum Beidrehen bleibt frei von im Wasser schwimmendem Segeltuch und Schoten. Im MOB-Fall unter ausgebaumten Vorsegel werden die Bullentaljen gekappt, und vor dem Quickstopp werden die Vorsegel, wenn möglich, eingerollt.

▶ *Auf dem Ausbildungsschiff Roter Sand sind Schiffsglocke, EPIRB und Rettungsringe mit Blitzlicht jederzeit gut zu erreichen.*

diesem Programm mit verschiedenen Bootstypen und Bootsgrößen teilgenommen haben, sind sich in einem Punkt einig: Fast alle Ratschläge und Verfahren der Notrolle »Mann über Bord«, die die Fachliteratur nach heißen öffentlichen Disputen empfiehlt, erfordern eine auf den betreffenden Schiffstyp und das jeweilige Manöver gedrillte Crew und sind für Kleinstcrews ungeeignet.

Schiffe, Riggs, Segel und verschieden ausgebildete Crews verhalten sich in Schwerwetter grundverschieden. Daher muß jeder Skipper für seinen Schiffstyp und für seine Crew das optimale MOB-Verfahren erläutern und mit seiner Crew einüben.

Nach den MOB-Erfahrungen aus der Schwerwetterpraxis vor Helgoland besteht die dringendste Maßnahme im Notfall darin, unter allen Umständen in unmittelbarer Nähe des Überbordgefallenenen zu bleiben und bis zur Anbordnahme den Sichtkontakt niemals zu verlieren. Nicht teure Rettungsgeräte entscheiden über den Erfolg der Rettungsmaßnahmen, sondern ob die Crew so gut gedrillt wurde, daß auch weiterhin Kommandos klar und ruhig ausgesprochen und von den namentlich Angesprochenen wiederholt werden. Jeder Anflug von Panik gefährdet in hohem Maße die Rettungsaktion. Daher sind Schiffe mit einer professionellen Stammbesatzung für Einsteiger und Mitsegler auf Hochsee-törns eine optimale Sicherheitsvorsorge.

Beim MOB-Fall kommt es darauf an, daß Stammcrew und Wachführer mit einem verabredeten Schallnotsignal schnellstens alarmiert werden und sofort mit harter Ruderlage das Schiff aufgestoppt und beigedreht wird. Selbst ein stehender Spinnaker ist kein Grund, nicht augen-blicklich gegen den Wind beizudrehen, auch wenn das leichte Tuch dabei zer-fetzt. Ebenso wird die klare und ruhige Kommandosprache, die die Mitsegler gezielt und namentlich anspricht:»Paul, Ausguck gehen! Peilungen auspreien!« eingeübt. Selbstverständlich werden auch im Not- wie im Regelfall die vom Skipper oder Rudergänger gegebenen Kommandos zur Bestätigung wiederholt. Die Maschine wird augenblicklich vom Rudergänger gestartet, und namentlich werden Personen mit Kommandos zum Bergen der Segel angepreit, falls dies für die Rettunsgaktion hilfreich ist und genü-gend Crewmitglieder zur Verfügung stehen. Das Spinnakerfall wird evtl. mit dem Notmesser gekappt, das am Mast-fuß dauerhaft festgelascht ist.

Die backstehende Fock und das Großse-gel stabilisieren das beigedrehte Boot, und in Schräglage und mit Maschinen-unterstützung treibt man auf den Über-bordgefallenen zu. Dieser sollte möglichst schon beim Sturz lauthals auf sich auf-merksam machen und möglichst augen-blicklich die in der Weste mitgeführten Blitzlichter oder Notsignalgeber aktivieren.

Nach der ersten Schrecksekunde wird eine Markierungsboje mit Blitzlicht über Bord gegeben, zu der der Überbordgefal-lene schwimmen soll. Allerdings greifen diese Maßnahmen nicht bei Schwerwet-ter, wenn über den Wellen eine Schicht von Gischt die Sicht behindert.

Ein weiteres Problem stellt die eigentliche Bergung der Person über die 1–2 m Frei-bordhöhe dar. Schlägt das Heck im See-gang, ist die Benutzung der Badeleitern gefährlich. Die meisten Crews benutzen in diesem Fall die Rettungsinsel oder ein halbaufgeblasenes Schlauchboot, um die Seebrüchigen im ersten Schritt aus dem Wasser zu hebeln.

Tags wie nachts verliert man im Seegang den Überbordgefallenen sehr leicht aus den Augen. Kann die Maschine die Höhe zum Überbordgefallenen nicht halten, was bei Seegang und Sturm vorkommt, muß zur Unterstützung der Maschine die Sturmbesegelung gesetzt werden. Bei vielen Hochseeregatten sind Segler außenbords gegangen und von der pro-fessionellen Crew trotz widrigster Bedin-gungen geborgen worden. Die Crew beherrschte eben ihr Handwerk!

Ist an Bord ein modulares Sicherheits- und Überwachungssystem installiert, kann jeder Wachgänger mit einem was-serdichten Handsender ausgestattet wer-den. Mit diesem Handsender kann im MOB-Fall der Überbordgefallene das Überwachungsgerät an Bord aktivieren und verschiedene Sicherheitsmanöver ferngesteuert auslösen. Die Person kann

▶ *MOB-Übung bei ruhiger See, die Markierungsboje wird mit dem Dingi geborgen.*

ferngesteuert ein akustisches Warnsignal auslösen, den Autopiloten mit »harter Ruderlage« aktivieren und sogar über Schiffsfunk einen Distressalarm auslösen. Diese EDV-gesteuerten Alarmsysteme ermöglichen außerdem eine umfassende automatische Sicherheitsüberwachung der Yachten gegen Diebstahl, gegen Wassereinbruch am Liegeplatz oder Feuer im Winterlager. Über das GMDSS-Funknetz können automatisch Hafenmeister, Feuerwehr und Eigner vom jeweiligen Alarm informiert werden.

Fällt ein Mitsegler auf einem großen Rahsegler von Bord, der mit 15 Knoten Fahrt durch die See donnert, dann sind die MOB-Rettungsmanöver dem Verhalten des Großseglers angepaßt. Bis der Segler

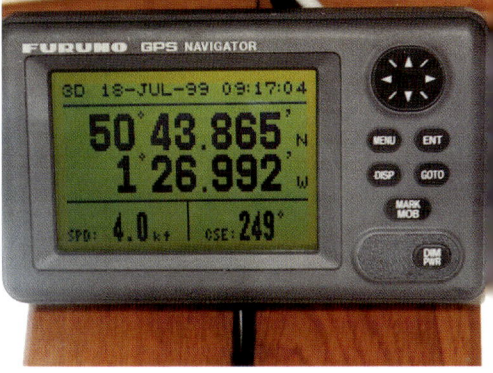

▶ *Die MOB-Taste speichert im GPS-Gerät die Notfallposition.*

aufgestoppt, beigedreht und die Segel geborgen hat, vergeht mehr als eine Stunde, und der Überbordgegangene ist weit außer Sicht geraten. Daher wird vom Rahsegler eine kleine Rettungsinsel mit Treibankergeschirr über Bord gegeben, die der Überbordgefallene schwimmend erreichen soll. Die Position wird mit der MOB-Taste festgehalten, und außerdem wird augenblicklich ein stark motorisiertes und sehr seetüchtiges Beiboot zu Wasser gelassen, das den Betreffenden und die Rettungsinsel auffischen soll. Diese Übung wird auf jedem Großsegler regelmäßig mit lebensechten Puppen geübt.

Brandschutz auf Blauwasseryachten

▶ *Festinstallierter CO_2-Löscher im Maschinenraum.*

Die Brandschutzvorschriften auf Berufsschiffen sind in den letzte Jahrzehnten sehr umfangreich geworden. So dürfen zum Beispiel keine brennbaren Materialien wie Holz oder Teppichauslegware in den Schiffen verwendet werden. Alle Räume müssen mit Rauchmeldern und automatischen Sprinkleranlagen ausgerüstet sein. Die Besatzung wird im Rahmen eines Schiffssicherungs-Lehrgangs in Brandschutz und Feuerbekämpfung geschult. Auf Blauwasseryachten sind diese Brandschutzmaßnahmen nicht in gleichem Umfang zu realisieren, weil man zum Beispiel beim Innenausbau nicht auf Holz verzichten will. Ein mit Dieselkraftstoff betriebener, sicherer Herd ist wesentlich

teurer als ein Gasherd. Auf Yachten werden Rauchmelder und automatische oder ferngesteuerte CO2-Löscher allenfalls im Motorenraum installiert.

Aus Gründen des Brandschutzes wird die Benutzung des Herdes und ggf. der Gasanlage gründlich erläutert. Die Gasflaschen sind in Kisten gelagert, die nach außen und nicht ins Schiff entlüftet werden. Die Gasflaschen werden bei Nichtbenutzung direkt am Flaschenventil verschlossen. In Nähe des Herdes ist eine Feuerlöschdecke angebracht, die mit einem Ruck aus ihrer Hülle gezogen werden kann. Einem Fettbrand in der Pantry ist meistens nicht mit einem Feuerlöscher oder mit

Wasser beizukommen. Die Feuerlösch-decke erstickt die Flammen.

An Bord sind Feuerlöscher auffällig an mar-kanten Stellen wie den Durchgangsschot-ten installiert und leicht zugänglich. Am gebräuchlichsten sind CO_2-Löscher. Außer in der Pantry brechen Feuer durch Überhit-zung und Kabelbrand am häufigsten im Motorenraum aus. Die Luftzufuhr ist dann sofort einzuschränken oder zu unterbin-den. Die Feuerlöschanlage im Motoren-raum sollte von außen ohne Öffnung der Zugangsklappen ausgelöst werden kön-nen. Der Notstopp-Schalter für den Diesel-kraftstoff ist ebenfalls leicht zugänglich außerhalb des Motorenraumes ange-bracht. Auf Regattayachten wird diese Brandschutz-Vorbeugung streng kontrol-liert. Der Inhalt von Feuerlöschern ist nach wenigen Sekunden verpulvert. Daher dür-fen sie erst am Brandherd ausgelöst wer-den und müssen mit ihrem Strahl direkt in den Brandherd gerichtet werden. Nehmen die Flammen trotz des Einsatzes von Feuer-löscher, Löschdecke und Schlagpütz zu, wird das Schiff vom Skipper aufgegeben. Im Brandfall ist der Zugang zur Rettungs-insel daher frei zu halten und zu sichern.

Rettungsinseln, wacklige Sicherheiten im Notfall

1998 ist eine große Flotte von Blauwas-seryachten während einer Regatta im Pa-zifik in einen schweren Hurrikan geraten. Dabei wurden nahezu alle Rettungsin-seln, die an Deck angelascht oder in Heckkörben montiert waren, von Seen und Brechern fortgewaschen.

Andere Yachten, die ihre Rettungsinsel noch nicht verloren hatten und viel Wasser machten, wurden von ihren Crews auf-gegeben. Die unter Deck gestauten Ret-tungsinseln wurden über Bord geworfen. Bei einigen der Rettungsinseln versagte der automatische Aufblasmechanismus, und aufgeblasene Rettungsinseln konnten im schweren Seegang von der Crew nicht bestiegen werden. Rettungsinseln kenter-ten in den Brechern und wurden stark be-schädigt; dabei erlitten einige der Schiff-brüchigen Knochenbrüche, andere wurde ins Meer geschleudert, ohne die geringste Chance, die schnell abtreibende Rettungs-insel schwimmend zu erreichen.

Es gibt Beispiele von Yachten in ver-meintlicher Seenot, die von ihren Crews aufgegeben wurden und die nach Wo-chen treibend von Fischern oder Flugzeu-gen entdeckt wurden. In manchen Fällen blieb die Crew, die die Rettungsinseln be-stiegen hatte, verschollen. Rettungsinseln stellen nur eine beschränkte Sicherheit für die Crew auf der hohen See dar.

Jede Schiffsführung wird daher bis zum ultimativen Zeitpunkt alles tun, um die Crew an Bord zu halten. Auch wenn das Wasser knietief im Salon steht, ist dieses für die Stammcrew durchaus eine Stan-dardsituation, und es heißt erst einmal: »All hands zum Lenzen«, um den Was-serstand im Schiff mit allen Mitteln zu halten oder zu senken.

Notrolle »Schiffsaufgabe«

Die Aktivierung dieser Rolle kann ausschließlich durch den Schiffsführer und bei dessen Ausfall durch namentlich bestimmte Stellvertreter ausgelöst werden. Die Schiffsführung wird alles tun, um das Aufkommen von Panik einzudämmen und die Mitsegler mit ruhigen Anweisungen in trockenen Kleidern in die Rettungsinsel zu bekommen oder zur Bergung durch Retter vorzubereiten. Vor Antritt des Törns muß folgende Verantwortlichkeits-Reihenfolge festgelegt werden:

a) Prinzipiell erfolgt die Aktivierung der Rettungsinsel durch den Skipper

b) Bei Ausfall des Skippers erfolgt die Aktivierung der Rettungsinsel durch: (Name der Person) ....

c) Bei Ausfall von Skipper und Person b) erfolgt die Aktivierung der Insel durch: (Name der Person) ....

Die Person, die die Insel aktiviert hat, gibt das Signal zum Verlassen des Schiffes und bestimmt ausschließlich die Reihenfolge und Art und Weise des Übersetzens. Diese Person bestimmt auch, welches Crewmitglied welche der folgenden Ausrüstungsteile mit in die Insel nimmt:

Person 1: Nottasche mit Handfunkgerät inkl. Ersatzbatterien, Angelhaken, Not-Raketen, GPS-Gerät, Taschenlampen, Schneidebrett, Tasse, Löffel, mech. Watermaker

Person 2: Medizinkoffer

Person 3: Trinkwasserkanister mit Lufteinschlüssen als Treibanker mit einer Leine verbunden

Person 4: Schlauchboot mit Paddel und Treibanker

Skipper: Logbuch, Pässe; verläßt als letzter das Schiff

Bleibt genügend Zeit, werden weitere Ausrüstungsgegenstände und Proviant geborgen. Die Verbindungsleine zwischen Segelschiff und Rettungsinsel wird durch eine der genannten Personen gekappt.

Trotzdem kann es nach Havarien Situationen geben, bei denen der Schiffsführer das Kommando zur Aufgabe des Schiffes und zum Besteigen der Rettungsflöße geben muß. Herrscht Seegang, verteilen die meisten Skipper vor der Aktivierung der Notrolle starke Mittel gegen Seekrankheit, denn jeder Flüssigkeitsverlust in der Rettungsinsel muß vermieden werden. Die Sicherheitseinweisung erläutert alle einzelnen Schritte zur Wasserung der Insel. Die meisten Hochseesegler halten in der Notrolle namentlich Aufgaben von Personen fest, die gewisse Ausrüstungsgegenstände oder Lebensmittel mit auf die Rettungsinsel bringen. Der Ersatz-Satelliten-Notsender wird vom Schiffsführer bzw. dessen Stellvertreter mitgenommen und wird erst aktiviert, nachdem der Hauptsender nach Tagen keinen sichtbaren Erfolg zeigt.

Mit Hilfe dieser modernen Geräte kann sich die Crew berechtigte Hoffnungen machen, relativ schnell gerettet zu werden. Trotzdem werden eine kleine mechanische Entsalzungs-Membranpumpe, ein UKW-Handfunkgerät mit wasserdicht versiegelten Ersatzbatterien, ein kleines Hand-GPS-Gerät, einige Frischwasserkanister und Angelhaken mit Schnur mit in die Insel genommen Die Frischwasserkanister dienen mit einer Leine verbunden als Treibanker. Kreditkarten, Pässe und Logbuch sind zwar nach der Rettung ungemein nützlich, auf der hohen See haben sie jedoch noch keinem Menschen das Leben gerettet. Und die Stimmung in der winzig kleinen Rettungsinsel kann eher mit einem kleinen Brettspiel angehoben werden.

In der Rettungsinsel, die bei Seegang etliche Male kentern wird und auf der es keine trockenen Plätze und keine Liegeflächen gibt, bestimmt vor allem eine starke Moral, eine gute Disziplin und die strenge Rationierung der vorhandenen Lebensmittel das Überleben. Es werden daher sogleich Aufgaben und Wach- und Tagespläne verteilt.

Notrolle »Wassereinbruch«

Bei Wassereinbruch ist das Leck nach Plan schnell und systematisch zu lokalisieren. Auch bei kleiner Crew müssen klar abgegrenzte Suchbereiche nacheinander kontrolliert werden. Dazu werden schnellstmöglich alle Borddurchlässe kontrolliert oder verschlossen, bevor steigende Wasserstände die Suche erschweren. In einem derartigen Notfall sind nichtgängige Seeventile eine folgenreiche Bedrohung für die Sicherheit der Crew.

Nach einer Havarie mit einem Container, einem Baumstamm oder einem Wal müssen mitunter bei Ausfall der Schiffsbeleuchtung sehr große Lecks abgedichtet werden. Diese Rumpfdurchbrüche werden schnellsten mit Axt und Brechstange freigelegt und mit Matrazen, Brettern, Spieren und Keilen verstopft. Dazu müssen die notwendigen Werkzeuge schnellstens beigebracht werden. Die übrige Crew nimmt alle Lenzmöglichkeiten auch mit Pützen wahr.

Suchbereiche und Zuständigkeiten bei Wassereinbruch

Person 1	Person 2	Person 3	Person 4
Vorpiek	Toilette	Pantry	Motorwanne
Geber Echolot	Seeventile	Zu- und Abfluß	Kühl- und Seewasser
Geber Logge	Schläuche	Schläuche	Schläuche
Rumpfbereich unter Bodenbrettern	Rumpfbereich		
		Seeventile	Seeventile
		Rumpfbereich	Rumpfbereich
			Ruderkoker

Werkzeug/Hilfsmittel

Beil, Axt, Säge	Leckpfropfen	Lecksegel	Kissen, Matrazen
mech. Pumpen	elektrische Pumpen	Bretter, Stempel	Schlauchschellen
Bauschaum	Pütz, Saugkörbe	Taschenlampen	Keile

Schiff und Crew sind auf Materialbruch vorbereitet

Auf Blauwasseryachten sind bei mehrwöchigen Fahrten fern aller Küsten und Schiffahrtswege für alle lebenswichtigen Einrichtungen Sicherheitsmaßnahmen vorhanden. Fällt auf einer Hochseeyacht etwas für die Sicherheit Essentielles aus, muß Ausgleich oder Ersatz an Bord sein. Reißt ein Segel, muß dieses repariert werden können oder durch ein Ersatzsegel ersetzt werden. Ein völlig zerfetztes, nicht ersetzbares Großsegel stellt für die Crew ein Sicherheitsrisiko dar. Auf Blauwasseryachten werden daher ein Ersatzgroßsegel und weitere Ersatzsegel mitgeführt. Verliert eine Blauwasseryacht durch einen Brecher in schwerer See ihr Ruderblatt, so muß Ersatz geschaffen werden. Gute Blauwasseryachten haben am Heckspiegel Extrabeschläge angebracht, an denen das an Bord gestaute Ersatzruderblatt wie bei einer Jolle eingehängt werden kann. Eine mechanische Steuerung des Ersatzruders ist einfach herzustellen. Verliert man auf See einen Mast, so muß auch für diesen Fall gutes Werkzeug, Material und Know-how vorhanden sein, um ein ausreichendes dimensioniertes Notrigg zu bauen und für die Restpassage zu setzen. Der an Bord einer Segelyacht befindliche Treibstoff reicht in der Regel nicht aus, um mit Maschinenkraft den nächsten Hafen zu erreichen. Diese Notrollen werden von der Stammcrew in Schiffssicherungs-Lehrgängen geübt und gehören zu den

Standardsituationen. Erfindungsreichtum und Einfallsreichtum sind begehrte Güter auf Blauwasseryachten.

Mit einem Katamaran auf Blauwasserfahrt

Die Anzahl von Segelkatamaranen auf Blauwasserfahrt und im Charterbereich hat in den letzten Jahren enorm zugenommen. Viele Blauwassersegler haben ihren Bleitransporter in einen ballastfreien Hochseekatamaran eingetauscht, der über einen hohen Wohnkomfort verfügt. In Deutschland haben die Segelreisen der *Shangri-La* von B. Pieske nach Grönland und *Sposmoker II* von G. Engel in die Antarktis die Seetüchtigkeit und Schnelligkeit dieser flachgehenden Zweirümpfer unter Beweis gestellt. Ein neuseeländischer Hochseekatamaran segelte in weniger als 80 Tagen um die Welt. Die Crew erhielt dafür die Jules-Vernes-Trophy. Der Kat war mit einer Durchschnittsgeschwindigkeit von nahezu 14 Knoten unterwegs. An manchen Tagen legte die Crew mehr als 500 Seemeilen zurück.

▶ *Sposmoker II nach der Antarktisreise in Brunsbüttel.*

▶ *Fahrtenkatamarane sind äußerst kinderfreundlich (Saint Lucia, Karibik).*

Fahrtenkatamarane haben einen großen, lichtdurchfluteten Salon über den Rümpfen. Man segelt selbst bei Starkwinden waagerecht bzw. aufrecht. Nur sehr wenig erinnert bei diesen familien- und kinderfreundlichen Schiffen mit ihrem hohen Wohnkomfort an das Kellerleben in den Kielyachten. Selbst Brettspiele gehen in einer Böe auf dem Salontisch nicht über Stag. In den gut belüfteten Rümpfen befinden sich jeweils die Kabinen mit ihren Naßzellen.

Besonders in warmen Gewässern ist eine ausreichend gute Frischluftzufuhr in sämtlichen Räumen von großer Bedeutung. Viele Einsteiger und Mitsegler auf Hochseekatamaranen berichteten, daß durch das angenehme Seeverhalten der Boote niemand auf der Atlantiküberquerung von der Seekrankheit heimgesucht wurde, was auf Kielyachten selten ist.

Hochseekatamarane sollten mindestens 10 m lang sein. Ab dieser Länge haben die Fahrtenkatamarane trotz fehlenden Bleiballastes und geringem Tiefgang durch ihre Breite von 5–7 m ein hohes Stabilitäts- und Geschwindigkeitspotential. Wegen ihres geringen Tiefganges können Katamarane flache Lagunen gefahrlos anlaufen, wo Kielyachten weit draußen im Schwell ankern müssen. Zwischen den Rümpfen findet sich auf der »Veranda« oder im Netz viel Platz zum Sonnenbaden. Für Unterwasserarbeiten kann man den Katamaran bequem bei Springtide-Hochwasser auf den Strand ziehen. Es bleiben einem die Nipptide-Tage, an

denen selbst bei Hochwasser noch am Unterwasserschiff gearbeitet werden kann. Bei Niedrigwasser fällt der Katamaran problemlos und waagerecht im Sand oder Schlick trocken. Spart man auf diese Weise die Slippgebühren, so muß man mit einem Katamaran wegen seiner Überbreite jedoch meist doppelte Hafenbühren bezahlen.

Da auch Fahrtenkatamarane einen ganzen schweren Hausstand mit sich herumschleppen, sind diese Boote im Vergleich zu Regattakats trotz der Leichtbauweise zu schwer beladen und dadurch wesentlich langsamer. Fahrtenkatamarane sind wegen der Kentergefahr eher untertakelt, da man praktisch immer auf die Großschot eine Auge haben muß, um bei einer einfallenden Böe das Großsegel zu öffnen. Auch wenn der Kat durch eine Windfahne gesteuert wird, muß bei diesen schnellen und sensiblen Booten ständig jemand im Cockpit Wind, Wellen und Verkehr aufmerksam beobachten. Im Gegensatz zu den Strandkatamaranen wurden Blauwasserkats nicht durch den Wind und durch unaufmerksame Rudergänger zum Kentern gebracht, sondern durch Wellen und Brecher bei Sturmfahrten. Nach einer Kenterung verweilen Hochseekatamarane in einer stabilen Kopfüber-Schwimmlage, so daß dieses Wrack eine sichere und stabile Rettungsinsel hergibt. Genau wie bei Kielyachten gilt auch hier die Grundregel guter Seemannschaft: Der Skipper hat aufgrund aller zur Verfügung stehenden Wetter-

und Funkinformationen den Kurs so zu wählen, daß er Stürmen auf seiner Route nicht begegnet. Sturmfahrten auf hoher See bedeuten für Sportboote stets Materialüberbelastung und Materialbruch.

Endlich verschwindet das Land im Kielwasser

Mit einer Törnberatung vom deutschen Seewetteramt oder nach einer Interpretation der Entwicklung der Isobaren auf den Bodendruckkarten für das Törngebiet in den nächsten vier bis fünf Tagen fällt der Skipper die endgültige Auslaufentscheidung. Auch wenn das Wetter in den Passatzonen sehr gleichmäßig und großartig erscheint, wird der Skipper sich über die Wetterentwicklung in den amtlichen Prognosen Sicherheit verschaffen. Vor dem Bug sollen in den nächsten Wochen mäßige Winde, die aus günstigen Himmelsrichtungen wehen, liegen.

Bei der ARC (Atlantic Rally for Cruisers) laufen in Gran Canaria seit 15 Jahren Hunderte von Yachten jedes Jahr im November am selben Tag mit einer schönen und spannenden Startzeremonie aus. Die Regattaleitung und der Veranstalter setzen den genauen Startzeitpunkt für alle Yachten fest. Die Auslaufentscheidung und Kurswahl bleibt jedoch in der Verantwortung des Skippers.

In Küstennähe der Kanaren sind die Winde manchmal sehr unzuverlässig und nervenbelastend. Das ändert sich aber beim generellen Südwestkurs schnell. Nach drei Tagen sind der Crew Seebeine gewachsen, und in der Bordroutine von Wache und Ausguckgehen entspannen sich die Mitsegler in der weiten Landschaft des tiefblauen Atlantiks mit dem beruhigen Gefühl, die Hochseereise im Sinne guter Seemannschaft bestens vorbereitet zu haben.

Mit einer positiven aktiven Einstellung und Haltung zur Unfallprävention während einer Seereise leistet der Mitsegler den effektivsten und besten Sicherheitsbeitrag.

Dann wird Hochseesegeln zu einer herrlichen und sicheren Sportart mit hohem Erholungswert für Körper, Geist und Gefühl. Auf der Passatroute genießen jedes Jahr Tausende von Mitseglern das Blauwassersegeln, das grenzenlose Meer und nette, entspannte Mitsegler, die sich in der Hand eines erfahrenen Skippers und auf dem tüchtigen Schiff geborgen fühlen.

An Bord wird der Müll getrennt

In Küstennähe darf keinerlei Abfall über Bord gegeben werden. Auf der hohen See wird der Müll grundsätzlich getrennt. Organische Abfälle gehen außenbords. Alle anderen Abfälle werden zusammengepreßt und in großen, derben und luftdicht verschließbaren Müllsäcken gesammelt. Geöffneten Konservendosen

▶ *Vor dem Bug liegen etwa 3000 Seemeilen Passatsegeln bei 7 Knoten Fahrt.*

schneidet man Deckel und Boden heraus. Auf einem Brett werden die Dosen flachgetreten und mit Boden und Deckel zusammen platt gemacht. Insbesondere jede Form von Plastikmüll stellt für Schildkröten und Fische eine tödliche Bedrohung dar und darf daher niemals über Bord gehen.

Die Bordpsychologie, das Schiffsklo und die Crew mit Humor

Für das Wohlbefinden an Bord werden mitunter Dinge von großer Bedeutung, die an Land überhaupt kein Gewicht haben und niemandem übel aufstoßen würden. Die Crew lebt auf einem Segelboot auf sehr engem Raum zusammen. Während der ersten Tage ist alles aufregend und spannend, dann stellt sich die Bordroutine im Rhythmus der Wachen und der Freiwachen ein, und schließlich gibt es Phasen, wo der enge Raum und die totale Nähe zu den Mitseglern hohe Anforderungen an die Selbstdizplin stellen. Da rastet dann schon einmal ein Mitsegler aus, weil seine Wachablösung grundsätzlich immer 5 Minuten zu spät kommt, außer bei Schlechtwetter – da sind es mindestens 10! Es wird irgendwann einmal für die meisten nervtötend, daß eine bestimmte Wachmannschaft niemals eine saubere und aufgeklarte Pantry übergibt oder nicht ein einziges Mal pünktlich zum Wachwechsel das Es-

sen fertig hat. Ungenießbar ist es meist auch noch. Schließlich erscheinen manche Dinge oder Mißstände immer größer und unerträglicher, bis schließlich eine Kleinigkeit z. B. ein mit Papier dicht verstopftes Klo das Faß gereizter Stimmung zum Überkochen bringt. Es gibt klassische Fälle von Unglücken auf Segelyachten, wo die Crew in wilder Aggression übereinander hergefallen ist.

Dieser Entwicklung der Bordatmosphäre wird jeder Skipper mit vorbildlicher Haltung und mit Humor von Anfang an begegnen. Humor und nicht etwa Sarkasmus ist auf Segelschiffen eine exzellente

▶ *Der Schwanenhals der Bordtoilette muß stets gut mit Seewasser durchgespült werden.*

▶ Nach Blauwasserreisen planen viele Skipper möglichst beim ersten Büchsenlicht die Küste zu erreichen und Land zu sehen.

Konfliktstrategie, mit der beizeiten Unheil verhindert werden kann. Jedes Crewmitglied sollte bei den Anfängen von Verstimmungen und Störungen im Zusammenleben an Bord direkt, ehrlich und mit Humor vortragen, was ihn nervt. Menschen können auch an Bord nicht aus ihrer Haut heraus und werden viel eher als an Land ihr eigentliches und wahres Gesicht zeigen. Aussprache und Humor sind die besten Methoden, für manch einen üblen Topf wenigstens einen Deckel zu finden.

Versagen Humor und Frohsinn als Strategie zur Ausgleichung von Störungen des Bordalltags, so sollte man die Schiffsführung bitten, eine Bordversammlung einzuberufen. Dies ist an Bord ein Forum, Ärgernisse und Verbesserungsvorschläge öffentlich vorzutragen. Aber auch, wenn die vermeintliche Trägheit, Bequemlichkeit oder gar Faulheit eines Mitseglers fast alle an Bord nervt, achte man tunlichst darauf, daß sein Gesicht gewahrt bleibt. Mit Aufmunterungen, Toleranz und Humor kann man ihn am besten in die Bordgemeinschaft integrieren.

Eine neuralgische Keimzelle von Streit und Ärgernis ist aus einer ganzen Reihe von technischen und psychologischen Gründen das Bordklo. Oft werden die Pumpmechanik und die engen Abflußrohre immer wieder von den gleichen Benutzern zum Verstopfen gebracht. Oder es sind immer dieselben Mitsegler, die niemals aus den Pumpen und den Abflußröhren die Fäkalien vollständig über den Schwanenhals herausspülen, so daß der Rücklauf bei den tropischen Temperaturen übelste Kloakengerüche produziert. Manche gehen auch mit einem Anfall von Seekrankheit aufs stille Örtchen. Sollte gar noch irgend etwas über die Toilette entsorgt worden sein, was vorher nicht durch den menschlichen Magen und Darm gegangen ist, muß die davon verstopfte Pumpe auseinander geschraubt werden, um die Bescherung zu beseitigen. Jeder hochseeerfahrene Skipper hat bereits Dutzende Toiletten auseinander geschraubt und die Erkenntnis gewonnen, daß Klopapier nur in geringsten Dosierungen oder überhaupt nicht die strammen Gummimembranen einer Schiffstoilette passieren kann. Wird diese fundamental wichtige Erkenntnis beachtet und darüber hinaus nach Gebrauch die Toilette mit mindestens 20 Pumphüben Seewasser durchgespült, kann die gute Bordatmosphäre durch nichts getrübt werden. Beim Törn kann kaum noch etwas Entscheidendes schieflaufen.

Die Einlaufwette

Ca. 2–3 Tage vor dem Landfall breitet sich eine freudige Unruhe auf dem Schiff aus. Wieviel Tage und Stunden sind es noch bis zum Einlaufen? Diese Frage wird nun anhand der momentanen Geschwindigkeit nach der heimlichen Interpretation der Wetterkarten heiß diskutiert. Der Landfall ist für alle Personen an Bord etwas ganz Besonderes und Einmaliges. Die Freiwache hat das Recht, beim Landfall von der Wache geweckt zu werden. Dieses Kolumbusgefühl gehört zu den unvergeßlichen Erlebnissen des Hochseesegelns und ist Teil der gemeinsamen Erinnerung jeder Crew. Meistens lobt der Skipper für die am besten geschätzte Einlaufzeit einen Preis aus.

Das Einlaufen wird durch ein Großreinemachen vorbereitet. Die meisten Seeleute fangen an, mit dem nun noch vorhandenen Frischwasservorrat ihre Kleidung zu schrubben. Meist reicht das Frischwasser auch noch für eine Körperdusche. Sind Schiff und Crew herausgeputzt bis zum Flaggenstock und alle Messingteile poliert, werden die Gastlandflagge und der Einklarierungswimpel »Q« gesetzt. Niemand sollte dieses herrliche Gefühl des Landfalls und Einlaufens durch Miesmacherei stören. Nachdem die Flasche Einlaufsekt geleert wurde, geht der Skipper mit den Schiffspapieren und sämtlichen Pässen an Land, um die Einklarierungsformalitäten zu erledigen. Erst nachdem

▶ *Seemannsbrauch: Nach einer langen Seereise wird nach dem Einlaufen ein Luxus-Frühstück im Cockpit serviert.*

die Behörde jedem Crewmitglied namentlich die Einreise mit einem Eintrag in den Paß genehmigt hat, darf das neue Land betreten werden. Die Einreiseformalitäten sind meist schnell erledigt, und der Run auf Telefonzellen, Banken, Kneipen und was auch immer setzt schnell ein.

Jede gute Crew feiert vor dem Heimflug einen gelungenen Törn mit einem gemeinsamen Abendessen und einer ausgiebigen Bordfeier. Dazu werden meistens schon die ersten entwickelten Fotos der Reise herumgereicht, und der Törn fängt an, ein ganz wichtige Lebenserinnerung zu werden.

>>*Das Meer ist mein wahlverwandtes Element, und schon sein Anblick ist mir heilsam!*<<

Heinrich Heine auf Helgoland,
8. August 1829

Segelveranstaltungen für Mitsegler und Einsteiger

Seit vielen Jahren erfreuen sich Segelveranstaltungen großer Beliebtheit, bei denen Mitsegler Kojen auf den teilnehmenden Yachten, Traditionsseglern oder Großseglern buchen können. Am bekanntesten sind die Cutty Sark Tall Ships Races und die Atlantic Rally for Cruisers (ARC) mit ihren diversen Zubringer- und Anschlußregatten. Am Cutty Sark Tall Ships Race nehmen mehrheitlich Traditionssegler und Großsegler teil, die von einer ausgebildeten Stammcrew geführt werden und daher Segeleinsteiger als Trainees mitnehmen können.

An der ARC nehmen dagegen hauptsächlich größere Privat-, Charter- und Vereinsyachten teil. Auf vielen der ARC-Yachten kann man sich für die Atlantikpassage von Ost nach West und von West nach Ost (ARC Europe) ebenfalls einbuchen oder gegen Unkostenbeteiligung eine Koje chartern.

Meistens nehmen jedes Jahr immer dieselben Yachten und Segler an den Regatten teil. Die Start- und Meldelisten für diese Veranstaltungen sind schon Monate im voraus in den entsprechenden Webseiten des Internets zu verfolgen. Je größer die Schiffe sind, desto früher werden die Törnpläne von den Eignern der Boote festgelegt. Die jeweiligen Hafenprogramme und Hafenorte, an denen die Crew gewechselt werden kann, stehen damit auch lange im voraus fest.

Mitsegeln auf Sail-Training-Schiffen bei der Cutty Sark

Das Cutty Sark Tall Ships Race ist die größte Regatta von Yachten, Traditionsschiffen und Großseglern aus aller Welt. Das Besondere an dieser Veranstaltung besteht in der konzeptionellen Einbindung von Jugendlichen. Mindestens die Hälfte der Besatzungen auf den teilnehmenden Schiffen muß aus 15–25-jährigen jugendlichen Trainees bestehen; andernfalls wird das Schiff disqualifiziert. Es kommen die unterschiedlichsten Men-

▶ Vor dem Start zum Cutty Sark Tall Ships Race ist Party-time angesagt.

schen an Bord, um ein Team zu bilden und gemeinsam die See zu erleben. Jeder Segeleinsteiger ist willkommen. Bei der Vergabe von Kojenplätzen genießen Jugendliche jedoch absolute Priorität und erhalten sogar einen beträchtlichen Zuschuß zu den Törnkosten.

In den Häfen werden die Sieger der Regatta gefeiert und ein umfangreiches kulturelles und sportliches Programm für alle Mitsegler organisiert. Zwischen den Teilregatten werden gemütliche Gemeinschaftsfahrten (Cruise in Company) durchgeführt. Hierbei findet ein internationaler Crewaustausch unter den Mitseglern der verschiedenen Schiffe statt.

Die begehrteste Auszeichnung, um die Besatzungen sich im Rennen bewerben, ist die »Cutty Sark Trophy«. In geheimer Wahl entscheiden die Besatzungen darüber, welches Schiff am besten zur Kameradschaft auf See und zur internationalen Verständigung beigetragen hat. Somit gewinnt nicht notwendigerweise die schnellste Crew den begehrten Siegerpreis. Mitsegler sind Teil der Besatzung und keine Passagiere. Segelsetzen, Rudergehen, Dienst in der Kombüse und Reinschiff sind Dienst und Verantwortung für alle.

Das Organisationskommitee achtet strikt darauf, daß die Großveranstaltung nicht

Start des StaG-Groß-seglers Alexander von Humboldt zum Cutty Sark Race '98 vor Vigo.

kommerzialisiert wird und vornehmlich der freundschaftlichen Zusammenführung internationaler Crews dient. Alle teilnehmenden Schiffe, ob Traditionssegler oder Großsegler, müssen die höchsten Sicherheitsstandards erfüllen und werden vor Beginn und während der Wettfahrt strengen Sicherheitschecks vom Veranstalter der I. S. T. A. (International Sail Training Association) unterzogen. Durch die hohen Sicherheitsauflagen und eine perfekte Organisation erfreuen sich die Cutty Sark Tall Ships Races seit 40 Jahren großer Beliebtheit, und viele Hafenstädte bewerben sich für Jahre im voraus, Etappenort dieses Segelereignisses zu werden.

Es ist nicht einfach, eine der begehrten Kojen auf den guten Booten zu ergattern.

Die I. S. T. A. fördert die Sail-Training-Konzeption als Dachverband in der ganzen Welt. In Deutschland werden ihre Belange von der S. T. A. G. (Sail-Training Association Germany) vertreten. Die S. T. A. G. fördert die Ziele der ISTA, indem sie Jugendlichen und auch älteren Mitseglern die Ausbildung auf Segelschiffen in Küstengewässern und auf der hohen See ermöglicht. Daneben werden Eigentümer von Traditionsschiffen und Großseglern beraten und Kontakte zu deutschen und internationalen Sail-Training-Schiffen hergestellt. Über Infobroschüren und über ihre Webseiten im Internet berichtet die S. T. A. G. ausführlich und aktuell über die Cutty Sark Tall Ships Races. Ca. 60 deutsche Traditionsschiffe und Großsegler fahren unter dem Stander der S. T. A. G. und nehmen regelmäßig am Cutty Sark Tall Ships Race teil. Am bekanntesten sind die Rahsegler *Alexander von Humboldt*, *Gorch Fock*, *Großherzogin Elisabeth*, *Thor Heyerdahl* und *Roald Amundsen*. Die sämtlich aus der Berufsseefahrt stammenden Organisatoren der S.T.A.G. arbeiten ausnahmslos mit großem Engagement und ehrenamtlich. Die S.T.A.G. ist eine gemeinnützige Körperschaft; sie arbeitet ohne Gewinn und finanziert sich durch Mitgliederbeiträge und Spenden. Niemand wird hier ein Reisebüro, eine Segelschule, eine Charteragentur oder einen teuren Verein vorfinden, sondern eine gemeinnützige Einrichtung, die gezielt und ehrenamtlich das Hochseesegeln fördert.

Wer auf der *Kruzenshtern*, der *Sedov* oder einem der Großsegler mitsegeln möchte, kann sich an die S. T. A. G. wenden. Unter »www.sta-g.de« bzw »www.ista.co.uk« sind die aktuellen Infos bei den Veranstaltern abrufbar.

Kojencharter bei der Atlantic Rally for Cruisers (ARC)

Der bekannte Segelbuchautor und Journalist Jimmy Cornell ist zusammen mit seiner Frau Gwenda Cornell Initiator der ARC, einer Segelrallye, die von Gran

▶ *Mit kleiner Crew und einem aufgeräumten, stolperfreien Deck über den Atlantik.*

Canaria nach St. Lucia in der Karibik führt. Es ist die bekannteste und größte Blauwasserrallye für Fahrten- und Regattayachten. Seit 15 Jahren starten jährlich im November weit über 100 Yachten unter der Organisation des veranstaltenden World Cruising Clubs mit Sitz in Cowes/ England.

Jimmy und Gwenda entwickelten ein Konzept, Blauwassersegler aus den verschiedensten Ländern auf ihren saisonalen Routen an einem bestimmten Start- und Zielort zusammenzubringen, um die Hochseepassage im Konvoi durchzuführen und dadurch effektiver vor- und nachzubereiten. Die Sicherheitsstandards aller teilnehmenden Yachten werden dabei verglichen und angehoben. Die behördlichen Angelegenheiten am Start- und am Zielort werden generell für alle Teilnehmer effektiv vom Veranstalter geregelt. Die Organisatoren und Mitarbeiter vom World Cruising Club bieten am Start- und am Zielort professionell ihre Dienstleistungen mit typisch englischer Hilfsbereitschaft und Freundlichkeit an. Bei Problemen vor dem Auslaufen finden die Mitarbeiter dank ihrer jahrelangen Erfahrungen meistens eine schnelle Lösung. Für die Mitsegler werden in Zusammenarbeit mit den Frendenverkehrsämtern und Tourismusbehörden interessante Exkursionen zur Landeskunde organisiert. Der World Cruising Club bemüht sich dabei, den familiären und persönlichen Charakter der Rallye mit Strandparties, Dingi-Fun-Regatten und Siegesfeiern zu fördern. Viele Boote nehmen jedes Jahr oder zumindest mehrfach mit gleicher Stammcrew und wechselnden Mitseglern an der ARC teil. Kinder, Jugendliche und auch ältere Menschen bilden eine bunte und lustige ARC-Familie, die viel Spaß vor, während und nach der Segelreise hat. Die von den Cornells entwickelte Konzeption,

Sicherheit und Spaß auf einer internationalen Blauwasserregatta groß zu schreiben, ist sehr erfolgreich aufgegangen. In den 15 Atlantikpassagen sind kaum nennenswerte Unfälle vorgekommen, obwohl einige tausend Mitsegler an der Veranstaltung teilgenommen haben. Für die ARC 1999 gab es sogar einen Melderekord mit ca. 250 Booten.

Für Teilnehmer an der Rallye bietet der World Cruising Club vor dem Start Vorträge und Sicherheits-Vorführungen in Las Palmas auf Gran Canaria an. Die Inanspruchnahme der Dienstleistungen des World Cruising Club ist zwar kostenpflichtig, hält sich aber durch ein sehr geschicktes Sponsoring in zumutbaren Grenzen. Die Meldegebühren für eine Yacht richten sich nach der Länge der Yacht und nach der Anzahl der Mitsegler. Vor dem Start wird jede Yacht von dem Sicherheitsbeauftragten der Rallye einem gründlichen Sicherheitscheck unterzogen. Besteht die Yacht diesen Check nicht, wird sie disqualifiziert und vom Rennen ausgeschlossen. Auch auf See werden die Yachten täglich zweimal beim sogenannten »Roll call« über SSB-Schiffsfunk angerufen. Sie müssen dabei täglich Position, Geschwindigkeit und ihre beobachteten Wetterdaten melden. Die Positionen sämtlicher Schiffe werden von der Funkleitstelle gesammelt und in Cowes auf die Internetwebseite des World Cruising Club übertragen. Dadurch können Familienangehörige an Land den Verlauf der Regatta und die Positionen der Yachten verfolgen.

Auf hoher See sieht man nur selten andere Teilnehmer. Um so mehr wird täglich über den SSB-Schiffsfunk auf den speziellen Regattafrequenzen Interessantes und Spaßiges, zum Beispiel »Geheimrezepte« fürs Brötchenbacken ausgetauscht. Sollte tatsächlich einmal auf einer Yacht ein mit Eigenmitteln nicht zu behebender Notfall auftreten, ist es nicht unwahrscheinlich, daß ein Arzt oder Mechaniker auf einer anderen ARC-Yacht in erreichbarer Nähe ist, um zu helfen. Hilfe bei Notfällen zu leisten, wenn dieses ungefährlich und möglich ist, bleibt auch für die Crews von Regattayachten oberste und edelste Verpflichtung.

Unter »www.worldcruising.com« kann man die aktuelle Meldeliste der teilnehmenden Yachten einsehen. Da die ARC-Schiffe über sehr hohe Sicherheitsstandards verfügen müssen, luxuriös ausgestattet sind und darüber hinaus den Mitseglern ein sehr reichhaltiges Land- und Exkursionsprogramm geboten wird, sind Teilnahme und Mitsegeln bei der ARC etwas teurer als beispielsweise Regatten auf Oldtimern.

1999 wurde der World Cruising Club verkauft und in das »Challenge Business« von Sir Chay Blyth integriert, der seit Jahren internationale Regatten organisiert. Am Konzept der Rallies hat sich jedoch nichts Gundlegendes geändert. Das Programm wurde inzwischen erweitert, so daß neben der ARC und der ARC Europe auch eine Rally Portugal und Pacific Rally angeboten werden.

Mit dem Gesangverein, der Schulklasse oder dem Kirchenkreis auf Küstenfahrt

Viele der deutschen Sail-Training-Schiffe stehen in Nord- und Ostsee für Gruppenfahrten zur Verfügung. Diese Schiffe fahren dabei nach konzeptionellen Leitlinien der Sail Training Association und unter dem Stander der S. T. A. G. Die Gruppenverantwortlichen können im Buchungsvertrag für die Seereise dieses deutlich wiederfinden oder sich bei der S. T. A. G. über die jeweilige Konzeption und den Ausrüstungsstandard der Yacht oder des Traditionsseglers kundig machen.

Auf diesen Gruppenfahrten gestaltet die Stammcrew das Bordleben maßgeblich und achtet auf die Einhaltung der Sicherheitsrichtlinien. Von den Mitseglern wird erwartet, daß sie, auch wenn sie zum ersten Mal an Bord eines Segelschiffes sind, beim Segelsetzen, in der Kombüse und bei allen Bordarbeiten mit Elan anpacken.

Einzelne Gruppen vereinbaren mit den Buchungsbüros und den Kapitänen der Schiffe darüber hinaus spezielle, auf die Gruppe abgestimmte Bordprogramme oder Konzeptionen. Im einfachsten Fall möchte ein Gesangverein eine Besuchsfahrt zu einem befreundeten Verein mit einem Traditionssegler unternehmen, unterwegs viele Shanties einstudieren und diese am Zielhafen vorführen. Schulklassen buchen mit ihrem Mathematiklehrer einen Praxiskurs in Geometrie und Astro-

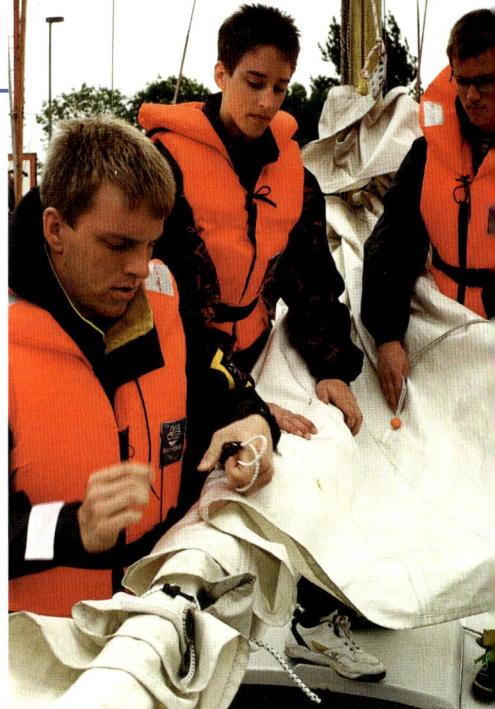

▶ Der »Leistungskurs Physik« des Graf-Anton-Günther-Gymnasiums in Oldenburg hat zwei Semester lang die Theorie des Segelns erforscht, dabei einen Windkanal gebaut, einen Preis bei »Jugend forscht« gewonnen und dann gemeinsam das Segelhandwerk von der Pike auf gelernt. (siehe auch Abb. nächste Seite)

nomie auf einem Küstensegler, bei dem möglicherweise viel geankert werden soll. Einige Kirchenkreise buchen einen verlängerten Wochenendtörn, um sich auf dem Boot intensiv kennen- und verstehen zu lernen. Die Kirchengemeinde Wienhausen z. B. veranstaltet für interessierte Mitglieder mit großer Resonanz auf größeren Segelbooten das Besinnungsprogramm »Gemeinschaft-Er-Fahren«.

»Gemeinschaft-Er-Fahren«

Bericht des Skippers

»20 m lang, fünfeinhalb Meter breit und mit spartanischen Kojen unter Deck, das ist mein Schoner, für den mich zusammen mit einer Stammcrew Pastorin Martina Janssen für eine Kirchenfahrt angeheuert hat. Der Schoner ist für 17 Frauen und Männer der evangelischen St. Mariengemeinde in Wienhausen bei Celle für vier Tage Lebensraum. Die Landratten starten in Bremen unter Leitung ihrer Pastorin zu einem Schiffstörn nach Helgoland und Spiekeroog. Mit Ruhe und Ausführlichkleit werden die Heidjer von der Stammcrew ausführlich in die Sicherheitsbestimmungen an Bord eingewiesen.

»Segne die Schiffsleute und das Schiff. Segne Anker und Ruder, Segel und Mast, daß sie stark sind vor dem Wind, und wir in Frieden heimkehren«, nach dieser Fürbitte der Pastorin heißt es: »Leinen los«. Entspannung, Abenteuer, Muße, Aktion, Begegnungen mit der Natur, Schönheit und Weite erwarten die christlichen Mitsegler, die ausnahmslos zum ersten Mal ein Segelboot betreten haben auf den 180 Seemeilen, die vor ihnen liegen. Die Intimsphäre reduziert sich notwendigerweise auf die 2 x 0,7 m große Koje. »Die Nähe macht ehrlich. Ehrlichkeit schafft Vertrauen«, erläutert die Pastorin ihren Gemeindemitgliedern. In den nächsten vier Tagen kommt an Bord weder in den Häfen noch an den Ankerplätzen Streß auf. In dieser Gruppe, die sich der Stammcrew und ihrer Pastorin in gutem Glauben anvertraut hat, stellen sich auch bei Schlechtwetter keine Schwierigkeiten oder Klagen ein. Alle sind mit Frohsinn, Freude und Dankbarkeit dabei. Es wird viel gesungen und sehr offen über Lebensmut, Demut, Übermut und Angst gesprochen. Die Mitsegler genießen das unkomplizierte Miteinander in dieser Schule der Sinne auf der Nordsee.

Bericht von Martina Janssen

»Das Projekt gehört inzwischen zum festen Bestandteil unserer Gemeindearbeit. Jährlich machen wir uns miteinander auf, die Weite des Meeres auf uns wirken zu lassen. 20 Männer und Frauen fanden auf dem letzten Törn ihren Platz an Bord, darunter etliche »Wiederholungstäter«. Mich erstaunt, wieviel wir wieder mit von Bord nehmen. Nicht nur die starke Gemeinschaft, das gemeinsame Nachdenken, die Andachten, sondern auch eine gehörige Portion seglerischer Fähigkeiten. Segel setzen, Leinen aufschießen, Rudergang, Anlegemanöver, Kaffeekochen zur rechten Zeit; das klappt nach vier Tagen an Bord mehr als passabel. Am Ende immer dasselbe, keiner will von Bord, alle verlangen mehr Meer«.

Firmenincentives auf Segelbooten

Viele Firmen buchen für ihre Mitarbeiter Fortbildungs-, Supervisions- oder Erlebnisfahrten auf größeren Segelbooten. Die Stammcrew richtet sich nach den Wünschen und Intentionen der Auftraggeber und legt mit ihnen vor Beginn der Reise Route, Ankerplätze und Einlaufhäfen fest. Für die Reisen gibt es an der Küste spezialisierte Cateringfirmen, die zünftige oder ausgefallene Proviantwünsche realisieren. Auf einem ruhigen Ankerplatz, z. B. im Wattenmeer, finden Trainer und Supervisoren auf einem Boot einen

Mitsegeln bei einer Segelschule

Teamgeist stärken: Warum nicht mit einem Firmenausflug ins Wattenmeer?

In allen größeren Städten können Einsteiger und Mitsegler Kurse in Segelschulen belegen, die vom Deutschen Segler Verband anerkannt und empfohlen werden. Besser als in jedem Buch werden die Teilnehmer von DSV-lizensierten und ausgebildeten Segellehrern angelernt, mit Segelbooten der unterschiedlichsten Größen in verschiedenen Revieren sicher und materialschonend umzugehen. In den Kursen finden sich 8–12 meist gleichaltrige Personen für eine Segelausbildung zusammen. Die Ausbildungsboote einer Segelschule werden meistens mit vier Einsteigern und dem Ausbildungsleiter besetzt.

Am Ende eines Segelkurses kann eine dem Kursniveau entsprechende Segelscheinprüfung vor der Prüfungskommission des Deutschen Segler Verbandes abgelegt werden. In einer netten Gruppe machen Segelausbildung und das Mitsegeln unter professioneller Anleitung sehr viel Spaß. Die gewonnenen Fertigkeiten und Erfahrungen sollen die Kursteilnehmer in die Lage versetzen, als Skipper oder als Mitsegler mit Segelbooten streßfrei, sicher und mit Respekt vor der See umzugehen. Segelsport soll Spaß machen, dazu müssen die Mitsegler gewisse Sicherheitsanforderungen erfüllen. Das wird in den DSV-Segelschulen auf Jollen, Küstenkreuzern und Hochseeyachten gelehrt.

idealen Rahmen, um produktive, gruppendynamische Prozesse im Team auszulösen, ohne daß Sekretärin, Telefon oder Handy dazwischenfunken. Viele Firmen erhöhen die Produktivität ihrer Mitarbeiter oder ihrer Abteilungen durch eine Segelreise in die frische Luft und zu neuen Ufern.

▶ *Wer braucht schon einen Mann: Damen-crew beim Trimmkurs.*

Mitsegeln im Internet

Für Einsteiger und Mitsegler bietet das Internet eine fast unüberschaubare große Informationsquelle zu allen Detailfragen. Die Eingabe von Oberbegriffen wie »Mitsegeln« oder »Chartern« »Blauwassersegeln«, »Reisemedizin« etc. erschließt jeweils Tausende von Informationsquellen. Darüber hinaus können spezielle Webseiten aufgerufen werden, die sehr nützliche und aktuelle Informationen bereithalten. Zu einzelnen Kapiteln dieses Buches findet man unter folgenden Internetadressen weiterführende sehr nützliche Informationen. In allen Webseiten finden sich Links zu weiteren Spezialthemen.

Webseiten, Stand November 1999:

- www.sta-g.de *(Seite der S.T.A.G.)*
- www.ista.com *(Seite der I.S.T.A.)*
- www.worldcruising.com *(Seite des World Cruising Clubs mit ARC-Infos)*
- www.trans-ocean.org *(Seite des Vereins zur Förderung des Hochseesegelns)*
- www.dhh.de *(Deutscher Hochsee Sportverband Hansa)*
- www.DMYV.de *(Deutscher Motor Yachtverband)*
- www.chartertransparenz.de *(umfassende Charterinformation)*
- www.rahsegler.de *(Windjammerfreunde München e. V.)*
- www.esys.org *(europ. Segelinformationsdienst)*
- www.apparent-wind.com *(Windjammer Infodienst)*
- www.dwd.de *(Deutscher Wetterdienst-Informationssysteme)*
- www.fitfortravel.de *(Reisemedizinischer Infodienst des Tropeninstituts)*
- www.schwertzugvogel.de *(Klassenvereinigung)*
- www.multihull.de *(Seite der Mehrrümpfer)*

Glossar

▶▶ A

Abdrift: durch Wind verursachte seitliche Versetzung des Bootes

Abfallen: Kursänderung nach Lee

Am-Wind-Kurs: Wind fällt unter einem spitzen Winkel zur Kiellinie des Schiffes ein

Anluven: Kursänderung nach Luv

Aufschießer: Mit dem Boot anluven und genau in die Richtung des Windes drehen, um die Fahrt abzustoppen

▶▶ B

Backbord: die linke Seite eines Schiffes, in Schiffsrichtung gesehen

Backhalten: ein Segel gegen den Wind drücken

Bändsel: dünne Leine

Baumniederholer: Leine, die den Baum besonders bei Raumschotkursen niederhält

Bergemanöver: Maßnahmen, um eine über Bord gefallene Person an Bord zu heben

Beschläge: alle Befestigungen und Halterungen aus Metall an einem Schiff

Bilge: Bereich unter den Bodenbrettern

Bindereff: Leinen, Beschläge und Umlenkblöcke, um die Segelfläche zu verringern

Blauwasseryacht: Segelboot mit hoher Stabilität und hohem Sicherheits- und Ausrüstungsstand, das für lange Hochseereisen proviantiert werden kann

Bordmesser: spezielles Messer für Segler mit integriertem Marlspieker, mit dem man festsitzende Knoten oder Schäkel öffnet

Brückendeck: massive, eingebaute und hohe Schwelle zwischen Cockpit und Niedergang

Bug: der vordere Teil eines Schiffes

Bullenstander: Talje oder Leine, die die Segelbäume in ihrer Segelstellung fixiert

▶▶ C

Cockpit: offener Sitz- und Arbeitsraum auf Segelbooten, auch »Plicht« genannt (seegehende Schiffe benötigen eine selbstlenzende Plicht)

Crew: gesamte Besatzung eines Sportbootes

▶▶ D

Deck: obere Abschlußfläche des Bootsrumpfes

Dichtholen: Schoten und Fallen anziehen

Dingi: Beiboot

Dirk: Leine, die das Baumende (die Baumnock) waagerecht hält

▶▶ E

Echolot: Gerät zur Bestimmung der Wassertiefe

Eigner: Eigentümer des Schiffes

▶▶ F

Fall: möglichst reckfreies Tauwerk, mit dem die Segel hochgezogen werden

Festmacher: Leinen, um ein Boot am Ufer zu vertäuen

Fieren: Lose auf Fallen, Schoten und Leinen geben

Flaute: Windstille

Fock: am Vorstag gesetztes Vorsegel

▶▶ G

GFK-Rumpf: Bootskörper, der aus glasfaserverstärkten Kunststoffen hergestellt wird

Großsegel: am Großmast gesetztes Segel

▶▶ H

Halbwindkurs: der Wind fällt nahezu unter einem rechten Winkel zur Längsachse des Schiffes in die Segel ein

Heck: hinterer Teil eines Schiffes

▶▶ J

Jolle: offenes, kleines Segelboot mit eingebauten Auftriebkörpern

Jollenkreuzer: eine eingedeckte Jolle mit Klappschwert, kleiner Kajüte und Kochnische

▶▶ K

Kenterung: ein Boot legt sich mit 90 Grad oder mehr auf die Seite

Kentersicher: gemeinsprachlicher Ausdruck für Boote mit einer hohen Gewichtsstabilität

Killen: Flattern der Segel im Bereich der Achterlieken

Klampe: festgebolzter Beschlag zum Belegen von Tauwerk

Knoten: nautische Maßeinheit für Geschwindigkeiten, entspricht Seemeilen pro Stunden

Kompaßkurs: bis auf eine Fehlweisung definierter Winkel zwischen der Kielrichtung (rechtvoraus) und dem magnetischen Nordpol

Krängung: Neigung eines Bootes aus seiner vertikalen Achse

Kuchenbude: Cockpitzelt

Küstenfahrt: Seereise bis maximal 30 Seemeilen von der Küste entfernt

Küstenkreuzer: geschlossenes Segelboot mit Kajüte und Ballast, für Küstenfahrt ausgerüstet

Kutter: offenes, massives Segelboot mit zwei Masten und zwei Vorsegeln, traditionelles Beiboot der Marine

▶▶ L

Last: Kräfte, die an Wanten, Schoten und Fallen wirken

Laufendes Gut: das gesamte Tauwerk zum Setzen der Segel und Bedienen der Klappschwerter und Ruderblätter

Lee: dem Wind abgewandte Seite

Leegierig: Das Bestreben eines Segelbootes mit dem Bug vom Wind wegzudrehen (zu gieren)

Lenzpumpe: Wasserpumpe zum Entleeren von Tanks oder der Bilge

Lieken: Säume der Segel

Logbuch: Schiffstagebuch
Luv: dem Wind zugewandte Seite
Luvgierig: das Bestreben eines Segelbootes, mit dem Bug in den Wind zu drehen

 M

Manöverkommando: Crewanweisung zur Koordinierung gemeinsamer Tätigkeiten und Handlungen
MOB-Taste: Schalter am Navigationsgerät zum Festhalten der augenblicklichen Position

▶▶ **N**

Nacht: Zeitraum zwischen Sonnenunter- und Sonnenaufgang; während der Nacht sind die Positionslichter einzuschalten, wenn das Boot in Fahrt ist
Niedergang: Einstieg (meist mit Treppe) ins Bootsinnere
Nock: das Endstück von Bäumen und Spieren

▶▶ **O**

Ösfaß: kleines Wasserschöpfgerät für Jollen

▶▶ **P**

Palstek: ein gestecktes Auge in Tauwerken
Pantry: Bordküche
Peilen: die Richtung zu einem Peilobjekt bestimmen
Pinne: Hebelarm, mit dem die Ruderwelle bewegt wird
Pyro-Notsignalgeber: wasserdichte kleine Röhre zum Abschießen von Leuchtkugeln

 R

Raumschotkurs: Wind fällt von der Seite in einem stumpfen Winkel (größer als 90 Grad) zur Kiellinie ein
Rigg: die gesamte Takelage wie stehendes und laufendes Gut, einschließlich der Masten, Bäume und Spieren
Rettungsweste: ohnmachtssicherer Auftriebskörper
Revier: ein lokal begrenztes Seegebiet
Ruder: dient zum Steuern des Bootes
Ruderkoker: ummantelter Borddurchlaß für die Ruderwelle

▶▶ **S**

Schäkel: hufeisenförmiger, durch einen Bolzen verschließbarer Metallring
Schiffbruch: Verlust eines Schiffes
Schiffsregister: Register, in das deutsche Seeschiffe nach Vermessung eingetragen werden
Schiffszertifikat: amtlicher Eigentumsnachweis
Schlagpütz: Gummieimer mit starkem Henkel
Schoten: Leinen oder Tauwerk, mit denen die Stellung der Segel zur Windrichtung angepaßt werden
Schwanenhals: um 180 Grad gebogenes Rohr, dessen Bogen oberhalb der Wasserlinie das selbständige Einlaufen von Seewasser in die Lenzschläuche verhindert
Schwert: absenkbare Platte als Kielersatz im Schwertkasten, das Schwert vermindert die seitliche Abdrift
Schwojen: Hin- und Herdrehen des Bootes
Seemeile: nautisches Längenmaß, entspricht einer Bogenminute des Erdumfanges oder 1,852 km

Seenot: Notfall auf einem Schiff, aus dem sich Schiff und Crew nicht mehr aus eigener Kraft befreien können

Seesack: großer Beutel für persönliche Wäsche und Ausrüstung

Seeventil: Absperrhahn vor Borddurchlässen

Slippen: Durchrutschen von Leinen, Schoten oder Ketten

Skipper: Schiffsführer auf Sportbooten

Spiere: alle fliegenden Bäume und Rundhölzer an Bord

Splint: Drahtstift zur Sicherung eines Bolzens

Spring: Festmacherleine, die das Boot beim Längsseitsliegen an der Bewegung nach vorn (Vorspring) und achtern (Achterspring) hindern soll

Stabilität: das Vermögen eines Schiffes, sich aus einer Krängung wieder in seine waagerechte Schwimmlage aufzurichten

Stag: Drahttauwerk, das den Mast nach vorne (Vorstag) und nach hinten (Achterstag, Backstag) abspannt

Stehendes Gut: sämtliches Draht- und Tauwerk, das den Mast abspannt

Steuerbord: die rechte Seite eines Schiffes, in Schiffsrichtung gesehen

Strecktaue: über das Deck laufende Taue zum Einpicken mit der Sicherungsleine bei Decksarbeiten

Sturm: Windgeschwindigkeit von über 41 Knoten

 T

Terminal: Endbeschlag eines Drahttauwerkes mit besonders hoher Bruchlast

Tide: Gezeitenverlauf von Hochwasser und Niedrigwasser

Trainee: auszubildender Mitsegler

Traditionsschiff: Schiff, das älter als 50 Jahre ist und nach der Traditionsverordnung bemannt und versichert werden kann

Trysegel: spezielles, sehr schweres und kleines Sturmsegel, das am Großmast gesetzt wird

 V

Vorschoter: Crewmitglied, das die Vorsegelschoten bedient

 W

Wache: routinemäßige Bordarbeiten der Besatzung, die im Turnus durchgeführt werden

Want: Drahttauwerk, das den Mast seitlich abspannt

Auf Nummer Sicher mit diesen Büchern

JIMMY CORNELL

Segelrouten der Weltmeere

4. ÜBERARBEITETE UND ERWEITERTE NEUAUSGABE

pietsch

Hans G. Isenberg
Bootskauf
Dieser Ratgeber zeigt, worauf beim Kauf einer neuen oder gebrauchten Yacht zu achten ist.
200 Seiten, 64 Bilder
Bestell-Nr. 50284
DM 29,80

Hans G. Isenberg
Boots-Versicherungen
Was man darüber wissen sollte.
192 Seiten, 67 Bilder
Bestell-Nr. 50307
DM 29,80

Jimmy Cornell
Segelrouten der Weltmeere
Das Standardwerk »Segelrouten der Weltmeere« – jetzt überarbeitet und erweitert. Mit neuen Törns im Nord- und Südatlantik und im traumhaften Segelrevier Mikronesien. Insgesamt rund 500 Routen mit allen Seekarten und Handbüchern, dazu 4000 Wegpunkte für Skipper, die mit einem GPS-Gerät unterwegs sind.
672 Seiten, 83 Bilder
Bestell-Nr. 50328

DM 68,–

Ronald Gohl/Fritz Gasser
Charter-Törns weltweit
Dieses Handbuch für Charter-Segler gibt auf alle Fragen eine Antwort.
224 Seiten, 150 Farbbilder
Bestell-Nr. 50283
DM 39,80

Frank Praetorius
Gesund an Bord
In diesem umfassenden Nachschlagewerk steht alles drin über das medizinische Know-how, das man im Notfall braucht.
224 Seiten, 38 Bilder, davon 22 in Farbe
Bestell-Nr. 50329
DM 49,80

Dr. med. Frank Praetorius
Gesund an Bord
Ärztlicher Ratgeber für Segler und Motorbootfahrer

pietsch

Stand November 1999
Änderungen in Preis und Lieferfähigkeit vorbehalten

IHR VERLAG FÜR MARITIM-BÜCHER

Postfach 10 37 43 · 70032 Stuttgart
Telefon (0711) 21 08 0 65 · Telefax (0711) 21 08 0 70

BORDPRAXIS
die Reihe, die schnell zur Sache kommt

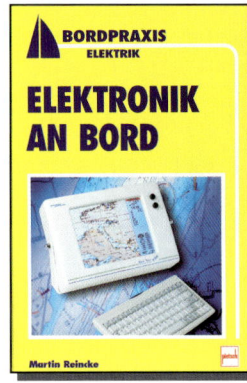

Wilhelm Greiff
Stromversorgung an Bord
96 Seiten, 37 Bilder,
davon 21 in Farbe, 32 Zeichnungen
Bestell-Nr. 50309
DM 19,80

Martin Reincke
Elektronik an Bord
120 Seiten, 55 Bilder
Bestell-Nr. 50291
DM 24,80

Wilhelm Greiff
**Energiemanagement
auf Segeljachten**
96 Seiten, 59 Bilder
Bestell-Nr. 50255
DM 24,80

Peter Christian Förthmann
**Autopiloten
und Windsteuersysteme**
112 Seiten, 92 Bilder,
davon 26 in Farbe
Bestell-Nr. 50256
DM 19,80

Dieter Brümmer
GMDSS
164 Seiten, 36 Bilder
Bestell-Nr. 50221
DM 24,80

Dieter Brümmer
Bootsmotoren leicht repariert
72 Seiten, 53 Bilder
Bestell-Nr. 50198
DM 19,80

Stand November 1999
Änderungen in Preis und
Lieferfähigkeit vorbehalten

IHR VERLAG FÜR MARITIM-BÜCHER

Postfach 10 37 43 · 70032 Stuttgart
Telefon (0711) 21 08 06 65 · Telefax (0711) 21 08 07 70